EDITION Leidfaden

Hrsg. von Monika Müller, Petra Rechenberg-Winter, Katharina Kautzsch, Michael Clausing

Die Buchreihe *Edition Leidfaden – Begleiten bei Krisen, Leid, Trauer* ist Teil des Programmschwerpunkts »Trauerbegleitung« bei Vandenhoeck & Ruprecht, in dessen Zentrum seit 2012 die Zeitschrift »Leidfaden – Fachmagazin für Krisen, Leid, Trauer« steht. Die Edition bietet Grundlagen zu wichtigen Einzelthemen und Fragestellungen im (semi-)professionellen Umgang mit Trauernden.

Antje Randow-Ruddies

Verlust der alten Eltern

Begleitung von Trauerprozessen
bei Erwachsenen

Mit 5 Abbildungen

Vandenhoeck & Ruprecht

Bibliografische Information der Deutschen Nationalbibliothek:
Die Deutsche Nationalbibliothek verzeichnet diese Publikation in der
Deutschen Nationalbibliografie; detaillierte bibliografische Daten sind
im Internet über https://dnb.de abrufbar.

© 2021 Vandenhoeck & Ruprecht, Theaterstraße 13, D-37073 Göttingen,
ein Imprint der Brill-Gruppe
(Koninklijke Brill NV, Leiden, Niederlande; Brill USA Inc., Boston MA,
USA; Brill Asia Pte Ltd, Singapore; Brill Deutschland GmbH, Paderborn,
Deutschland; Brill Österreich GmbH, Wien, Österreich)
Koninklijke Brill NV umfasst die Imprints Brill, Brill Nijhoff, Brill Hotei,
Brill Schöningh, Brill Fink, Brill mentis, Vandenhoeck & Ruprecht, Böhlau,
Verlag Antike und V&R unipress.

Alle Rechte vorbehalten. Das Werk und seine Teile sind urheberrechtlich
geschützt. Jede Verwertung in anderen als den gesetzlich zugelassenen Fällen
bedarf der vorherigen schriftlichen Einwilligung des Verlages.

Umschlagabbildung: time. / photocase.de

Satz: SchwabScantechnik, Göttingen
Druck und Bindung: ⊕ Hubert & Co. BuchPartner, Göttingen
Printed in the EU

Vandenhoeck & Ruprecht Verlage | www.vandenhoeck-ruprecht-verlage.com

ISSN 2198-2856
ISBN 978-3-525-40774-5

„Laß leuchten!

Weißt du noch wie du noch Kletten im Haar,
Knöpfe in der Kollekte ...
als das Leben anfänglich war
und nach weiterem schmeckte?
Weißt du noch wie du noch Wasser im Blick,
flußweis oder im Kübel –
Spar dir die Zeit und vertreib nicht das Glück
mit deinem Rückwärtsgegrübel.
Alles ist schon son bißchen Schieschie,
nichts geht mehr lustig vonstatten;
wie sich auf einer Beerdigung die
Lebensbäume begatten.
Langsam bis in die Krone verfilzt;
Ausfälle nicht mehr zu leugnen.
Dabei weißt du genau, was du willst:
einmal dich richtig ereignen –
Aus dem Kopf oder nach der Natur
deine Blätter entrollen ...
Ich selber habe auch eigentlich nur
diesen Herzschlag mitteilen wollen.
Wie mir die Welt in die Augen da sticht,
Wünsche, die wir verscheuchten –
Mach nicht son blödes blindes Gesicht.
Laß deine Anlagen leuchten!"

Peter Rühmkorf (1979)
Mit freundlicher Genehmigung des Rowohlt-Verlags

Inhalt

1 Ein paar Vor-Worte 9

2 Hinführung 11

3 Alte Eltern sterben 17

4 Verlust und Trauer – ein symbiotisches Paar 23

5 Tod als Wendepunkt im Leben 27

6 Trauer 31
6.1 Ein Chaos der Gefühle 31
6.2 Beziehung über den Tod hinaus 35
6.3 Trauer und sichere Bindung: Die Liebe ist spürbar 43
6.4 Trauer und unsichere Bindung: Der ungestillte Hunger 46

7 Die Verwaisung 51

8 Wir sind die Nächsten 55

9 Verwaiste Geschwister 57

10 Die Liebe und die Trauer 63

11 Ein fruchtbarer Boden für konstruktive Veränderungen ... 71

12	**Aus der Praxis**	75
12.1	Fall 1: »Wer bin ich?«	75
12.2	Fall 2: Worauf schaut die Trauer?	84
12.3	Fall 3: Erwachsen werden	88
12.4	Fall 4: Freiheit	93
13	**Tragende Aspekte der Trauerarbeit**	103
13.1	Der gute Blick	103
13.2	Ein Meer von Tränen	103
13.3	Identität und Selbstbeziehung	104
13.4	Die wohlwollende Beziehung	105
14	**Methodenimpulse**	107
14.1	Imagination	107
14.2	Genogramm	108
14.3	Schreibende Trauerverarbeitung	110
	14.3.1 Brief an Mutter/Vater	111
	14.3.2 Zum Abschied	115
	14.3.3 Lebensflussmodell	116
	14.3.4 Freudenbiografie	117
14.4	Rituale	118
	14.4.1 Zeiten des Trauerns	118
	14.4.2 Einen Ausdruck für die Trauer finden	118
14.5	Musik	119
14.6	Innerer Dialog mit dem Verstorbenen	120
	14.6.1 Die verstorbene Person als Ressource	120
	14.6.2 Die verstorbene Person in guter Erinnerung behalten	121
15	**Gedanken zum Schluss**	123
Literatur		127

1 Ein paar Vor-Worte

Was bewegt mich, dieses kleine Buch zu schreiben? Es entsteht in einer Phase meines Lebens, in der ich mich, sowohl persönlich als auch therapeutisch, mehr denn je mit der Trauer beschäftige.

Meine Klient*innen fordern mich durch ihre Präsenz verstärkt dazu auf, mich auf das Sterben, die Trauer und den Verlust einzulassen und mich mit den Gefühlen von Schmerz, Angst und innerer Not – ausgelöst durch den Tod – auseinanderzusetzen. Und vielleicht ist es auch so, dass ich das Thema gerade jetzt – in dieser Zeit meines Lebens – verstärkt wahrnehme.

Mein Entschluss, mich vertiefend mit diesen Fragen zu beschäftigen, bewirkte eine Hinwendung auf das Leben. Rückt der eigene Tod näher – und mit sechzig Jahren scheint die Zeit reif, sich intensiver mit dem Ende des Lebens zu beschäftigen –, erscheinen die Fragen des Lebens in einem anderen Licht. Was darf noch gelebt werden? Was will endlich nicht mehr gelebt werden? Worauf möchte ich dankbar und innerlich satt zurückschauen? Was ist für mich aus tiefstem Herzen wirklich sinnhaft noch zu leben?

Durch die Verluste, die ich erlebt habe, und durch die Bewältigung des Schmerzes konnte ich wachsen und reifen. So tiefgreifend und allumfassend dieser Schmerz des Verlustes in manchen Phasen auch war – ich möchte ihn nicht missen. Ich musste lernen, erwachsen zu werden. Den Verlust zu akzeptieren. Das heißt, ich lernte, etwas hergeben zu müssen, was ich nicht hergeben wollte. Doch ich habe es überlebt. All die kleinen und großen Verluste meines Lebens. Und ich fühle mich gewappnet für all jene, die unweigerlich noch kommen werden.

Beim inneren Erforschen gingen meine Gedanken immer wieder auch zu meinen erwachsenen Kindern. Zur nächsten Generation der Töchter und Söhne, über die ich im Rahmen dieses Buchprojektes so viel nachgedacht habe. Meine Wünsche gehen auch zu ihnen. Mögen sie sich noch zu meinen Lebzeiten aus blockierenden familiären Verstrickungen lösen und mögen sie alle Fragen fragen, alle Antworten tragen können und weiterhin mit Freude und Lebendigkeit ihre eigenen Wege gehen.

Wohl wissend, dass die Lösung von den Eltern – unabhängig von ihrem Tod – eine der großen psychischen Leistungen in jedem Leben ist und uns allen nur partiell gelingt.

Ich bin dankbar für die innere und äußere Ausrichtung auf dieses Thema. Ich bin froh, diesen »Ruf« zur Weiterentwicklung – sowohl persönlich als auch professionell – angenommen zu haben. Das Schreiben über die Begleitung von Trauerprozessen hat mein eigenes Leben bereichert und mich dazu inspiriert, noch einmal genau hinzuschauen, wie ich die kommenden Jahre für mich zufrieden und emotional satt gestalten möchte.

»Das letzte Geschenk, das Eltern ihren Kindern machen können, ist, ihnen zu zeigen, wie man dem Tod mit Gleichmut und Würde entgegentritt« (Yalom, 1990, S. 123).

2 Hinführung

Tritt ein Verlust durch den Tod eines nahen Angehörigen oder eines Menschen, mit dem man sich eng verbunden fühlt, in das eigene Leben, gibt es ganz unterschiedliche Erwartungen, die an die Hinterbliebenen gestellt werden. Ausgesprochene und Unausgesprochene.

Wenn wir von der Trauer sprechen, denken wir an Tränen, an gesenkte Häupter, an schwarze Kleidung. Wir erwarten von den Hinterbliebenen eine traurige Rückschau auf das Gewesene, eine Abwesenheit in der Gegenwart und eine Weigerung, in die Zukunft zu schauen.

Sterben die alten Eltern, so wird all dies erst recht von uns gesellschaftlich erwartet. Doch nicht immer stellt sich beim Verlust der alten Eltern ausschließlich ein Gefühl von Schmerz über deren Tod ein. Was ist, wenn das Verhältnis zwischen Kind und Eltern seit dem Aufwachsen schwierig war? Oder wenn die Kindheit von Abbrüchen, Vorwürfen und tiefgreifenden Konflikten oder Gewalt gekennzeichnet war? Wenn sich die Trauer und der Schmerz nicht auf den Verlust der Eltern, sondern auf den Verlust der eigenen Kindheit richten? Was ist, wenn plötzlich deutlich wird, dass die Sehnsucht nach einem Ausgleich des inneren Mangels nie mehr gestillt werden wird? Und was ist, wenn der Schmerz über den Verlust die Freude am eigenen Leben verhindert?

Vor zwei Jahren habe ich einen Studientag zu dem Thema »Wenn die alten Eltern sterben« durchgeführt. 150 Menschen aus unterschiedlichen beruflichen Kontexten – Hospizmitarbeiter*innen, Trauerredner*innen, Bestatter*innen, Therapeut*innen, Seelsorger*innen, Frauen und Männer, die gerade persönlich betroffen waren – nahmen teil. In der Vorbereitung auf dieses Thema habe ich erfahren, wie tabuisiert die Trauer längst erwachsener Kinder über den Tod ihrer Eltern noch ist. Manche können ihrer Trauer niemals einen inneren und äußeren Raum geben. Noch Jahre nach dem Tod des letzten Elternteils fällt es Einzelnen schwer, über ihre Trauergefühle zu sprechen.

Es braucht oftmals Mut, den Verlust zu spüren, ihm einen inneren Raum zu geben und den damit verbundenen Schmerz auszuhalten. Und es ist ein inneres Ringen, der eigenen Scham zu begegnen, wenn durch den Tod der Eltern primär ein erlösendes Gefühl der Freiheit entstanden ist.

Manche sind über die Trauer noch immer mit ihren Eltern verbunden. Auch wenn sie längst selbst Eltern oder gar Großeltern sind. Die ungelöste Trauer hält die Eltern innerlich auf blockierende Weise am Leben und verhindert den wichtigen Schritt zum autonomen Erwachsensein.

Im Anschluss an den damaligen Vortrag gab es einen Workshop. Die Teilnehmenden sind mit den Methoden der Genogrammarbeit, mit familiären und individuellen Ressourcen, mit Ritualen und Schreibübungen ihrer Trauer begegnet. Es war eine sehr persönliche und auch eine professionelle Annäherung an das Thema. Deutlich wurde mir an dem Tag, dass es gut und hilfreich sein kann, sowohl für Klient*innen als auch für systemische Berater*innen und Therapeut*innen, ein systemisches Instrumentarium an die Hand zu bekommen.

Die Trauer und der Verlust verlieren durch die methodische Arbeit ihre Schwere. Die Arbeit in der Gruppe und der Austausch darüber, wie in Familien getrauert wird, wirkten für alle Teilnehmenden lösend. Die Gespräche miteinander, das Zumuten der eigenen Gefühle, die der Tod der Eltern ausgelöst hat, waren tröstlich. Niemand trauert allein – das war an diesem Tag eine prägende Erfahrung für alle Beteiligten. Ganz bedeutsam ist also – neben den systemischen Methoden – die Beziehungsarbeit.

Menschen in Trauer brauchen zunächst einmal jemanden, der zuhört. Einen Menschen, der wieder und wieder mit ihnen die gleichen verbalen und emotionalen »Schleifen« dreht. Jemanden, der den vergangenen Geschichten gerne lauscht. Menschen in Trauer brauchen Mitgefühl und ein Mitschwingen. Ein Zuhören mit einer neugierigen Haltung. Eine Zugewandtheit und eine verbale Umarmung. Denn sie sind in innerer Not, wenn sie mit ihrem Anliegen zu uns kommen. Trauer braucht vor allem Zeit und Raum.

In der Arbeit mit Klient*innen wird mir immer deutlicher, wie groß die Not mancher Frauen und Männer in Bezug auf ihre unverarbeitete Trauer ist. Und hier vor allem bezüglich ihrer gefühlten »Verwaisung«. Plötzlich allein. Obwohl wir alle von Kindesbeinen an wissen, dass »es« eines Tages geschehen wird, kommt die Elternlosigkeit dann doch oft als ein schockierendes Ereignis um die Ecke. Und in aller Eindeutigkeit wird klar: »So wie der verstorbene Mensch uns angesehen und damit auch gesehen hat, liebevoll, ärgerlich, wissend, so schaut uns niemand mehr an. Andere Menschen werden uns anders angucken, aber nicht mehr so« (Kast, 2011).

So wie die Mutter und der Vater auf ihre Kinder geschaut haben – wohlwollend, sehend, stärkend oder übergriffig, defizitär, zerstörerisch –, so wird niemand auf die Töchter und Söhne schauen: Segen und Fluch zugleich.

Ich ertappte mich anfänglich in meiner therapeutischen Arbeit dabei, zu wissen zu glauben, wie lange eine solche Trauer dauern darf. Und ein Jahr erschien mir schon ein langer Zeitraum zu sein. Was für eine Anmaßung! Meine Klient*innen haben mich etwas anderes gelehrt. Es gibt viele verschiedene Arten des Trauerns. Und es gibt dabei kein Richtig oder Falsch. Kein Besser oder Schlechter. Jeder macht es, so gut er eben kann.

Und jeder sollte sich die Zeit nehmen dürfen, die er braucht. Manchmal sind es eben Jahre.

Wenn es uns gelingt, den Trauerprozess konstruktiv zu durchleben, können wir in unserem Sein erstarken. Und am Ende der Trauerzeit neu ins Leben gehen. Gewachsen. Gereift. Fähig und bereit, neue Beziehungen einzugehen. Ist allerdings die Heilung der Trauerwunde nicht möglich – aus welchen Gründen auch immer –, kann es sein, dass wir in Verbitterung und Erstarrung verharren. Der Schmerz kann und will dann nicht gehen. Er wird festgehalten. Auf psychischer und physischer Ebene. Es scheint so, als ob man die Toten festhält. Und die Toten die Lebenden weit über den Tod hinaus binden.

Meistens bedienen wir uns zum Zweck der Vermeidung von Schmerz und Angst in diesem Kontext zweierlei Bewältigungsstrategien: Entweder der Verstorbene wird externalisiert. Die Verbindung wird gekappt. Die Person ist eine »Persona non grata« geworden. Und damit ist auch der Schmerz über den Verlust abgeschnitten und nicht mehr spürbar. Oder aber der Verstorbene wird mit Beharrlichkeit innerlich – und manchmal auch auf äußerer Ebene – an dem vormaligen Platz im Familiensystem gehalten. Man tut so, als wäre nichts geschehen. Alles muss so bleiben, wie es ist. Nichts darf sich verändern. Das System bleibt starr. Alles andere wäre zu schmerzhaft.

In beiden Fällen kann eine konstruktive, lebenserweiternde Auseinandersetzung mit dem Tod nicht gelingen. Beide Strategien haben zur Folge, dass die Trauer nicht befriedet werden kann. Sie wird kein integrierter Anteil, sondern bleibt draußen vor der inneren Tür. Doch die Trauer – als innerer Anteil – möchte gesehen werden. In all ihrer Sanftheit, ihrer Kraft, ihrer Liebe, ihrer Stärke, ihrem Schmerz, ihrem Mitgefühl.

Und eben hier sehe ich meine Aufgabe als systemische Familientherapeutin: Menschen zu begleiten, sich der Trauer zu stellen. Sie zu befähigen, den Mut aufzubringen, sich dem Schmerz des Verlustes zuzuwenden und damit auch dem eigenen Selbst. Hunter Beaumont (2015, S. 163) beschreibt es so: »Der Anfang der Trauerbewegung besteht darin, sich innerlich für den Verlust zu öffnen. Die Trauerbewegung selbst ist ein Mitsterben, ein Sterben mit dem, was war.«

Wir können mit unserer Arbeit dazu beitragen, dass die Trauer einen Raum erhält. Wir können diesen Raum halten. Wir können ermöglichen, dass der Schmerz da sein darf und dass Menschen, indem sie ihn durchdringen, wachsen, sich ent-wickeln dürfen. Wenn Erwachsene ihr letztes Elternteil verlieren, kann es unsere Aufgabe sein, ihnen diesen Raum zum Trauern zu geben. So dürfen sie dann endlich irgendwann in ihre eigentliche Größe kommen und sich aus der Kindheit verabschieden.

Möge dieses Buch dazu beitragen, dass Menschen, die in der Mitte ihres Lebens stehen oder den größten Teil ihrer Lebenszeit bereits hinter sich haben, ermuntert werden, sich ihrem Schmerz und ihrer Angst angesichts des Verlusts der Eltern zu stellen.

„Habe Geduld gegen alles Ungelöste
In deinem Herzen und versuche
Die Fragen selbst lieb zu haben
Wie verschlossene Stuben und wie Bücher,
die in einer sehr fremden Sprache geschrieben sind.

Forsche jetzt nicht nach Antworten
die dir nicht gegeben werden können,
weil du sie nicht leben kannst,
und es handelt sich darum,
alles zu leben.

Lebe jetzt die Fragen,
vielleicht lebst du dann allmählich,
ohne es zu merken
eines fernen Tages
in die Antwort hinein."

Rainer Maria Rilke (1929)

3 Alte Eltern sterben

Um das Trauern kommen wir nicht herum. Keiner von uns. Früher oder später erwischt es uns. Spätestens dann, wenn die eigenen Eltern sterben. Doch was bedeutet es eigentlich, um die alten Eltern zu trauern? Um wen oder über was genau trauern wir in diesem Zusammenhang?
- Über den Verlust der eigenen Kindheit?
- Über die Tatsache, dass wir die Nächsten sein werden, die sterben?
- Über das reale Mutter-Seelen-Alleinsein?
- Über den Verlust von Zugehörigkeit?
- Über den Verlust des Sich-beziehen-Könnens?
- Über den Verlust einer äußerlichen elterlichen Instanz?
- Über den Verlust des Ich im Du?
- Über das plötzliche Erkennen der Begrenztheit des eigenen Lebens?
- Über den Tatbestand, dass Gefühle wie Hass, Wut, Zorn nicht mehr an Mutter oder Vater delegiert werden können und es somit auch keinen Adressaten, kein Ziel für diese Gefühle mehr gibt? Sodass nach dem Tod der Eltern jeder eigenverantwortlich für diese Gefühle ist?

Trauer – so definiert es der Duden – ist ein (tiefer) seelischer Schmerz über einen Verlust oder ein Unglück. Oder wie Petra Rechenberg-Winter (2017, S. 23) es ausdrückt: »Trauer ist ein komplexes Geschehen. Etwas Wesentliches geht verloren, mit dem sich der ganze Mensch verbunden hat. Und so fordern

Trauerprozesse auf all diesen Ebenen des Menschseins heraus, auf denen es sich nun zu lösen gilt.«

Man kann es umfassend auch verstehen als ein Bemühen der Seele zu begreifen, was geschehen ist. Wir trauern, um zu verstehen. Um uns in der veränderten Welt zurechtzufinden. Um uns in uns zurechtzufinden. Trauer ist der normale, schmerzliche Prozess, einen Verlust zu verarbeiten und damit unser Sein der neuen Realität anzupassen.

Wie geht das eigentlich, ein Leben ohne Mutter und Vater zu führen? Gleichgültig, welche Beziehung wir zu ihnen hatten. Vom ersten Atemzug an waren wir leibliche Kinder dieser Eltern. Wie auch immer die Lebenswege uns zueinandergebracht oder voneinander entfernt haben – die Eltern-Kind-Beziehung ist ein Pakt fürs Leben.

Durch die »Verwaisung« werden erwachsene Kinder plötzlich mit existenziellen Fragen konfrontiert:

- Habe ich genug gegeben? Habe ich hinreichend geliebt?
- War ich eine gute Tochter, ein guter Sohn?
- Gibt es Fragen, die ich nie gestellt habe?
- Stimmen meine Erinnerungen aus der Kindheit mit der Realität überein?
- Was habt ihr in mir gesehen? Welche Wesenheit habt ihr in mir entdeckt, und was blieb euch verschlossen?
- Welche Familienaufträge hattet ihr für mich und habt sie niemals ausgesprochen?
- Ist unser Generationenvertrag erfüllt? Das heißt: Habe ich das zurückgegeben, was ich von euch bekommen habe? Ist die innere Balance diesbezüglich ausgeglichen?

Mit dem Tod eines nahestehenden und wichtigen Menschen gerät unser inneres und äußeres System ins Wanken. Fragen tauchen auf, von denen man bis dahin nicht einmal wusste, dass es sie gibt. Beim Tod der eigenen Eltern wird dies besonders deutlich.

»Betrachten wir zum Beispiel den Bereich des Trauerns und des Verlustes. Obwohl viele Forscher die Anpassungsfähigkeit der Überlebenden peinlich genau untersucht haben, haben sie ständig versäumt zu berücksichtigen, dass der Überlebende nicht nur einen ›Objektverlust‹ erlitten hat, sondern dass er auch dem Verlust seiner selbst begegnet ist. Unter dem Kummer über den Verlust eines anderen liegt die Botschaft: Wenn deine Mutter, dein Vater stirbt, dann wirst du auch sterben« (Yalom, 2010, S. 75).

Die näher gerückte Begegnung mit dem eigenen Tod ist ein Erschrecken. Ein Erwachen aus der Kindheit, in der das Leben grenzenlos und unendlich schien. In der Trauer um die alten Eltern beweinen wir nicht nur den Verlust der beiden, sondern wir beweinen auch uns selbst und unsere Endlichkeit.

»Ich erinnere mich sehr gut an das erste Mal, als ich begriff, dass ich früher oder später unweigerlich sterben würde. Ich muss neun oder zehn Jahre gewesen sein. Es war abends und ich lag schon im Bett. Meine beiden Brüder, die mit mir im selben Zimmer schliefen, schnarchten sanft. Im Nebenzimmer hatte mein Vater das Radio angestellt, das er immer lange laufen ließ, um meine nächtliche Angst zu vertreiben. Plötzlich setzte ich mich im Dunkeln auf und dachte: Auch ich werde einmal sterben! Auch mich wird das Schicksal treffen. Es gab kein Entrinnen! Nicht nur würde ich den Tod meiner beiden Großmütter, meines geliebten Großvaters und meiner Eltern ertragen müssen, sondern auch ich selbst würde eines Tages unrettbar sterben. Was für eine höchst befremdliche, furchtbare, gefährliche, unverständliche, vor allem aber persönliche Gewissheit!«

Fernando Savater (2000, S. 25)

Wenn das längst Erahnte irgendwann unweigerlich eintritt, ist die tatsächliche emotionale Reaktion darauf schwer einschätzbar. Manche erwachsenen Kinder waren darauf gefasst und glaubten, ihre Gefühle zu kennen. Umso mehr wird das eigene Selbstbild erschüttert, wenn man feststellen muss, wie sehr man noch an die Eltern gebunden ist. Wie wenig selbstbestimmt und unfrei manche Aspekte des Erwachsenenlebens geführt werden. Oder man stellt sich noch zu Lebzeiten der Eltern vor, wie sehr man um sie trauern und sie nach ihrem Tod vermissen wird. Tatsächlich jedoch stellen sich überraschenderweise Gefühle wie Erleichterung und Befreiung ein. Beides kann irritierend für die Betroffenen sein. Schuld und Scham können den eigentlichen Trauerprozess erschweren.

Es ist an diesem Punkt der Trauer wichtig zu wissen – und meist ist es auch tröstlich zu erfahren –, dass all unsere wesentlichen Beziehungen im Leben von innerer Ambivalenz geprägt sind. So eben auch die Eltern-Kind-Beziehung. Im Sterben der Mutter und des Vaters wird uns deutlich, wie sehr unser eigenes Leben von diesen beiden Menschen geprägt ist.

Erinnerungsperlen von Geborgenheit, Fürsorge, Wärme blitzen auf. Aber auch die von Abhängigkeiten, Anpassungsdruck, Verlassenheit kommen ins Bewusstsein. Am Ende des elterlichen Lebens taucht auf, was individuell bedeutsam ist. Im Abschiednehmen und in der Trauer treten die Gefühle in ihrer Ambivalenz auf. Wir fühlen die Liebe, vielleicht auch die Sehnsucht nach Liebe, wir versuchen zu verstehen, was unsere Eltern gehindert hat, Empathie und eine sichere Bindung entstehen zu lassen. Wie erinnern Momente des Glücks und Situationen, die begleitet waren von Groll, Ablehnung und Abwehr gegen Vereinnahmung. Diese innere Unordnung macht den Abschied von den alten Eltern zu einem schwierigen Trauerprozess.

»Der Tod ist ein großer Lügner.
Der Tod ist ein Lügner, wenn er behauptet, dass er das Leben nimmt,
so als könnte man den Frühling unterbrechen.
Der Tod kann uns nur Zeit nehmen,
die Möglichkeit, zu lächeln,
einen Apfel zu essen,
ein Gespräch zu führen,
den Boden zu betreten, den man liebt,
tagtäglich die Liebe zu entzünden.
Die Hand zu reichen, Gitarre zu spielen,
der Hoffnung zu folgen.
Er ist nur ein Wechsel der Räume.
Der Orte, wo man den Körper bettet,
im Mondschein tanzt oder einen Fluss durchschwimmt.
Ein Bett bewohnt, das andere Ufer erreicht,
auf einem Ast sitzt,
singend aus allen Fenstern lehnt.
Das vermag der Tod.
Aber das Leben nehmen? Das Leben zu nehmen, vermag er nicht.
Diese Farce gelingt ihm nicht, denn das Leben …
Das Leben ist eine Fackel, die von Hand zu Hand geht,
von Mensch zu Mensch, von Samenkorn zu Samenkorn,
ein Übergang ohne Wiederkehr,
eine unendliche Reise, der Zukunft entgegen,
wie ein Licht, das unaufhaltsam die Dunkelheit verjagt.«

Lina Quintana (in Bucay, 2020, S. 99)
Mit freundlicher Genehmigung des S. Fischer Verlags

4 Verlust und Trauer – ein symbiotisches Paar

Als Kind stellte ich mir manchmal vor, wie es wäre, tot zu sein. Natürlich verlor ich mich dabei in meinen beängstigenden Fantasien. Bis dahin hatte ich noch das Glück gehabt, keinen geliebten oder nahestehenden Menschen verloren zu haben. Lediglich meinen Hamster musste ich beerdigen. Von ihm musste ich mich schmerzhaft und unter einem Meer von Tränen trennen.

Die schlimmste Vorstellung, wenn ich damals an meinen Tod dachte, war: Die Erde wird sich ohne mich weiterdrehen. Die Menschen werden weiterhin die Straßen bevölkern. Die Bahnen werden weiterhin fahren und meine Eltern und Freunde werden weiterleben. Ohne mich. Ich war entsetzt. Fühlte mich hilflos und ohnmächtig. Ich hatte keine Macht über den Tod. Er würde einfach kommen und mir das Leben wegnehmen. Ich fühlte mich ihm ausgeliefert.

Das Furchtbare am Verlust ist unsere Ohnmacht. Wir trauern darüber, dass etwas, was wir nicht hergeben möchten, fort ist. Und die Arbeit, die wir machen müssen, ist, zu akzeptieren, dass etwas oder jemand nicht mehr da ist. Nicht mehr greifbar und erfahrbar für uns ist.

Verluste widerfahren uns nicht nur durch den Tod. Wir müssen uns im Laufe des Lebens von Beziehungen, Personen, materiellen Dingen, Situationen, Lebensabschnitten, Träumen und Visionen verabschieden. Das ist oft innere Schwerstarbeit. Und nicht selten versuchen wir, diese Verluste zu vermeiden. Weil wir den Schmerz vermeiden wollen. Den Schmerz, der durch das Loslassen, das Gewahrwerden dessen, dass etwas unwiederbringlich fort ist, entsteht.

Wir ängstigen uns vor dem, was kommt. Vor der ungewissen Zukunft. Ohne den geliebten Menschen. Ohne die Beziehung. Ohne den vertrauten Ort. Das heißt, wir klammern uns an das Vergangene, weil uns der Mut fehlt, an das Neue zu glauben.

Doch genau an diesem Punkt liegt die Möglichkeit der Weiterentwicklung. Wir können nur wachsen und uns entwickeln, wenn wir etwas zurücklassen, um dann etwas Neues zu finden. Wir müssen erst einen inneren Raum leeren, damit er sich mit Neuem füllen kann. Und so sind Verlusterfahrungen und der damit verbundene Schmerz des Trauerns unumstößliche Erfahrungen, die uns stärken und erwachsen sein lassen.

Unsere Lebensaufgabe besteht also im Wesentlichen darin, zu lernen, die Wunden, die entstehen, wenn sich etwas verändert, zu heilen. Dafür haben wir die Trauer an unserer Seite. Sie hilft uns treu und loyal bei dieser schwierigen Aufgabe.

Jeder Verlust ist also mit der Erfahrung verbunden, dass mir etwas abhandenkommt. Dass ich etwas verliere. Würden wir uns das freiwillig aussuchen? Nein, sicherlich nicht. Wir möchten das behalten, was wir liebgewonnen haben. Was uns wichtig und vertraut ist. Und wir möchten aber auch das behalten, was uns vielleicht nicht mehr guttut. Um eben den mit dem Verlust verbundenen Schmerz zu vermeiden.

Verlusterfahrungen können sich auf unterschiedlichen Ebenen unseres Seins zeigen:
- auf der psychischen Ebene: Schuld-, Scham-, Wutgefühle und Angstreaktionen;
- auf der körperlichen Ebene: Schlafstörungen, innere Unruhe, Herzrasen, Magen- und Kopfschmerzen, Appetitlosigkeit, Übelkeit, Erschöpfung und ähnliche somatische Beschwerden;
- auf der sozialen Ebene: Rückzug von der Familie und den Freunden oder Gegenteiliges: ein verstärktes Bedürfnis nach

Außenkontakten, um damit das Gefühl der Zugehörigkeit zu sichern;
- auf der emotionalen Ebene: sich versinken lassen in die Traurigkeit und in das Vermissen des Verstorbenen oder des Verlorengegangenen, unangemessene kindliche Wutreaktionen;
- auf der spirituellen Ebene: Die Sinnfrage des eigenen Daseins kann sich neu und anders darstellen. Bisherige spirituelle Wege und Leitbilder können verlassen werden, und man begibt sich auf die Suche nach neuem Sinnhaftem.

Es wird deutlich, dass ein Verlust ein allumfassendes Geschehen ist. »Einfach mal loslassen« geht eben nicht. Weder in der Trauer um die verstorbenen Eltern noch am Wendepunkt eines neuen Lebensabschnitts. Wenn wir verstehen, wie existenziell bedeutsam der gesunde, reifende Umgang mit Verlusten ist, werden wir achtsamer mit unserer Ungeduld, wenn Menschen sich viel Zeit für diesen Prozess nehmen. Mehr Zeit, als wir vielleicht aushalten können.

Immerhin geht es um Themen wie Ohnmacht, Angst, Verlassensein, Sehnsucht, Einsamkeit, Ausgeliefertsein, Orientierungslosigkeit. Keine Banalitäten, sondern Gefühle und grundlegende Zustände unseres Daseins. Wir brauchen die Trauer – und die Zeit, die sie sich nehmen möchte –, um einen Verlust zu überwinden. Das Durchschreiten dieses Prozesses ist die Voraussetzung für Weiterentwicklung, Wachstum und seelische Gesundheit.

Wenn ich heute wach liege und an den Tod denke, ist er noch immer nicht mein bester Freund geworden. Und es gibt noch immer eine Furcht in mir, ihm tatsächlich irgendwann gegenüberzutreten. Doch die schmerzhaften Verluste die ich durchlebt habe, lassen mich wissen, dass ich es schaffen werde, irgendwann auch vom Leben loszulassen.

Freud schrieb, "daß der Tod natürlich sei, unableugbar und unvermeidlich. In Wirklichkeit pflegten wir uns aber zu benehmen, als ob es anders wäre. Wir haben die unverkennbare Tendenz gezeigt, den Tod beiseite zu schieben, ihn aus dem Leben zu eliminieren. Wir haben versucht, ihn totzuschweigen […] So konnte in der psychoanalytischen Schule der Anspruch gewagt werden: im Grunde glaube niemand an seinen eigenen Tod oder, was dasselbe ist: im Unbewussten sei jeder von uns von seiner Unsterblichkeit überzeugt. […]
Diese kulturell-konventionelle Einstellung gegen den Tod ergänzt sich nun durch unseren völligen Zusammenbruch, wenn das Sterben eine der uns nahestehenden Personen, einen Eltern- oder Gattenteil, ein Geschwister, Kind oder teuren Freund getroffen hat. Wir begraben mit ihm unsere Hoffnungen, Ansprüche, Genüsse, lassen uns nicht trösten und weigern uns, den Verlorenen zu ersetzen."

Sigmund Freud (1915, S. 342 f.).

5 Tod als Wendepunkt im Leben

Krise als Chance? Aus jeder Krise erwächst etwas Gutes? Wofür ist das Geschehene gut? Wenn nur genug Zeit vergangen ist, wird man dann das Gute im Schlechten erkennen?

Wenn uns eine Krise widerfährt, greifen wir gern zu einem ausgeworfenen Rettungsring: »Es wird schon wieder!« »Es muss nur ein wenig Gras über die Sache wachsen.« Ja, sicherlich wird es schon irgendwie weitergehen. Doch anders als zuvor. So wie es war, wird es nicht mehr werden.

Wenn die alten Eltern sterben, ist eben niemand mehr da, der uns erzählen kann, wie unsere Geburt war. Welches erste Wort wir gesprochen haben. Wie wir laufen und schwimmen gelernt haben und wie aufgeregt wir nach dem ersten Kuss nach Hause kamen. Elterliche Geburtstagswünsche wird es nicht mehr geben, und auch andere Traditionen entfallen.

Mit dem Tod der Mutter und des Vaters sind wir mitten in einem Lebenswendepunkt gelandet. Ob wir wollen oder nicht. Und oftmals wollen wir nicht. Denn diese Lebensstationen verheißen auf den ersten Blick nichts Gutes. Ihnen geht der Ruf der Veränderung voraus. Und Veränderungen werden von den meisten nicht mit offenen Armen empfangen. Sie bedeuten ein Loslassen von Altvertrautem. Strukturen und Rituale fallen zum Teil weg. Das Alltagsgerüst wird wacklig. Wo sind die Haltegriffe geblieben?

Nach dem Tod der Eltern befinden wir uns in einem Umbruch. Plötzlich erleben wir uns inmitten einer emotionalen Großbaustelle. Plötzlich verwaist. Plötzlich erwachsen. Plötzlich die Nächsten auf der Todesliste.

Der Tod eines nahen Angehörigen steht auf der Liste relevanter Lebenswendepunkte relativ weit oben. Das bedeutet, er ist stressauslösend. Er erfordert unsere Aufmerksamkeit. Er stellt einen Übergang in jeder Biografie dar. Das Vorher und das Nachher unterscheiden sich. Wenn auch nicht immer in eklatanter Seelentiefe, so doch immer zumindest auf einer strukturellen Ebene.

Wir können uns – bei Bedarf – eine Weile mit bewährten Abwehrmechanismen gegen die sich anbahnende Veränderung wehren. Doch irgendwann müssen wir sie annehmen. Ist sie doch eine Weichenstellung.

Im Trauerprozess geht es in dieser Wendezeit um das Abschiednehmen bei gleichzeitigem Hineinwachsen in eine neue Lebensgestaltung. »Ab jetzt bin ich elternlos« – was bedeutet das für mein eigenes Leben?

Auch wenn es sich für die meisten um einen sogenannten »regulären Wendepunkt« handelt, wird er meist als Krise erlebt. Das bisherige Leben wird auf der einen oder anderen Ebene einer Umwälzung unterworfen. Und oftmals dauert es eine lange Weile, bis sich das Leben wieder im gefühlten Gleichgewicht befindet.

Systemisch betrachtet, fordern Wendezeiten zu Entwicklungsprozessen heraus, deren Bewältigung maßgeblich von biografischen Erfahrungen, dem kulturellen Hintergrund und relevanten sozialen Kontakten beeinflusst wird.

Für die Trauerbegleitung von Erwachsenen bieten diese Wendepunkte und ihre Analyse Möglichkeiten zur Vergangenheitsbewältigung, zum zaghaft-vorsichtigen Blick in die Zukunft und zum Erleben des »Jetzt«. Folgende Fragen können als Hinführung zum anstehenden Entwicklungsprozess genutzt werden:

- Was genau ist geschehen?
- Was/wer hat bis heute gestützt, geholfen, getragen?
- Wer gehört zum aktuellen sozialen Netzwerk?
- Wie haben Sie den Tod des ersten Elternteils bewältigt?

- Welche Unterstützung haben Sie damals erfahren?
- Was geschah zum Zeitpunkt des zurückliegenden Wendepunktes in Ihrem äußeren Umfeld? In welchem Kontext haben Sie sich befunden?
- Wie hat sich Ihr Leben nach dem Tod der Mutter/des Vaters verändert?
- Was brauchen Sie heute, um angemessen durch diese Zeit zu kommen?
- Welcher nächste Schritt kann für Sie hilfreich sein?

Angenommen, Sie betrachten den Tod Ihrer Eltern aus einer Zukunftsperspektive (z. B. von einem Zeitpunkt in fünf Jahren):
- Was sehen Sie, wie Sie die jetzige Situation bewältigt haben?
- Was war für die Bewältigung hilfreich? Was war eher hinderlich?
- Welche Fähigkeiten werden Sie entwickelt haben?
- Welchen persönlichen Gewinn können Sie entdecken?
- Wer sind Sie in fünf Jahren? Wie und auf welche Weise sind Sie innerlich gewachsen und gereift?

Auch in der Begleitung von Wendezeiten ist häufig unsere Geduld gefragt. Und ein Blick auf die Klient*innen, die in ihrer Weise trauern, zögern, das Neue fürchten und es gleichzeitig am Horizont aufblitzen sehen, der von einer »respektvollen Bescheidenheit« (Schwing u. Fryszer, 2013, S. 166) geprägt ist. So können wir ihnen auch an diesem schwierigen Punkt des Lebens gute »Reisebegleiter« sein.

6 Trauer

6.1 Ein Chaos der Gefühle

Menschen in Trauersituationen fühlen sich innerlich aufgewühlt. Trauer löst ein Chaos von Emotionen aus. Nichts scheint mehr an seinem inneren Platz und somit kontrollierbar zu sein. Die auftretenden Gefühle erscheinen widersprüchlich. Ambivalent. Und zu alledem tauchen sie auch noch gleichzeitig auf.

Goldbrunner (2006, S. 24) hat diesen ambivalenten Prozess in folgende Bewältigungsschritte gegliedert:
- Ablösung (vom Verlorenen) versus Bindung (als innere Repräsentanten),
- Emotion versus Kognition (Gedanken und Gefühle stimmen nicht mehr überein),
- Passivität (nach außen) versus Aktivität (innere dynamische Auseinandersetzung),
- Privatheit (individuelle Trauer) versus Öffentlichkeit (Erwartungen von außen an den Trauernden),
- Statik (langsamer innerer Prozess) versus Dynamik (umfangreiche Veränderungen),
- Ohnmacht (dem Schicksal gegenüber) versus Grandiosität (Bewältigung dieser Situation).

Wir versuchen irgendwie, diesen höchst irritierenden Zustand durch unterschiedliche Abwehrmechanismen in den Griff zu bekommen, ist doch diese emotionale Konfusion meist beängstigend. Die empfundene Orientierungslosigkeit und die Ahnung einer bevorstehenden tiefgreifenden Veränderung auf mehreren Ebenen sind zudem beunruhigend.

Das eigene Selbstbild gerät ins Wanken. Was passiert mit mir? Bin ich noch die Starke, die alles unter Kontrolle hat? Bin ich noch der Mann, der stets für Ausgleich innerhalb der Familie gesorgt hat? Bin ich noch das Familienoberhaupt, das niemals Schwäche zeigt? Bin ich noch die aufopfernde, sich selbst vergessende Tochter?

Infolge dieses inneren Orkans ist das Bedürfnis nach einer Struktur, einer Überlebensstrategie, einem Konzept in Zeiten innerer Aufruhr besonders groß. Als unterstützend, hilfreich und haltgebend haben sich seit Jahrzehnten die populären Konzepte von Verena Kast (2015) und Elisabeth Kübler-Ross (vgl. Gill, 1981) erwiesen. Beide Theorien gehen davon aus, dass Menschen sich an Objekte binden und dass der Verlust dieser Objekte zu einer Krise führt. Folgerichtig geht es darum, die Lösung vom Objekt zu unterstützten, um den Trauernden nach einer gewissen Zeit zu befähigen, im eigenen Leben ohne das »Objekt« zu leben. Die therapeutische Arbeit legt ihren Schwerpunkt in diesem Fall darauf, das »Ich« zu befähigen, ohne das »Du« zu leben. Die Vorannahme ist also, dass es Menschen überhaupt möglich ist, die Bindung zum »Du« im Fall eines Todes zu lösen. Es ist dementsprechend nur eine Frage der Zeit, wann der Trauernde loslassen kann und wieder oder endlich einmal frei vom »Du« ist.

Folgt man diesem Konzept, so ist Trauer begrenzt. Sie hat einen Anfang und ein Ende. Sie kommt und geht, wenn genug geweint, gewütet, gehofft wurde. Üblicherweise gewährt man der Trauer ungefähr ein Jahr zu bleiben. Dann hat sie sich allmählich zu verabschieden. »Die Trauer hat eine ganz bestimmte psychische Aufgabe zu erledigen: Sie soll die Erinnerungen und Erwartungen von den Toten ablösen« (Freud, 1913, S. 82). Freud – als Pionier der analytischen Trauerarbeit – prägte dieses Trauerverständnis, indem er davon überzeugt war, dass es notwendig sei, die Energie von den Verstorbenen abzuziehen, sich von ihnen dadurch zu lösen, um am Ende wieder frei zu sein.

Freud hatte für die Hinterbliebenen folgende Aufgaben, sozusagen als psychische Stabilisierungsfaktoren, vorgesehen (Kachler, 2019, S. 36):
- Ziehe deine Liebesenergie vom Verstorbenen ab.
- Löse die emotionale Bindung zum Verstorbenen – lass ihn los.
- Durchlebe die Trauer, um dann wieder frei zu sein.
- Schließe die Trauer und Trauerarbeit ab.
- Nutze die zurückgewonnene Libido für neue Beziehungen und Lebensaufgaben.

Dieses Verständnis der Trauer hat sich bis in die 1980er Jahre weitestgehend durchgesetzt. Erst dann wurde unter Einbeziehung der Bindungsforschung der lineare Blickwinkel »Trauern heißt loszulassen« erweiternd verändert. Und zwar dahingehend, dass das Trauergeschehen fortan auch unter einem systemischen Blick angeschaut wurde. Der Tod und alle emotionalen Folgeerscheinungen werden fortan bei der Betrachtung des individuellen Systems in der aktuellen Trauerforschung miteinbezogen.

Vor allem in der systemischen Familientherapie hat sich die Trauer zu einem anerkannten, kräftigenden und ressourcenvollen Gefühl hochgearbeitet. Ein Ignorieren dieser Emotion – so das systemische Verständnis von Trauer – zöge unweigerlich verpasste Lern- und Wachstumschancen nach sich.

»Trauerarbeit bedeutet aus systemischer Sicht, Betroffene durch das emotionale Chaos hindurchzubegleiten und ihnen gegebenenfalls Entwicklungsanregungen zu geben« (Natho, 2009, S. 219). Das eröffnet auch für den Trauerprozess erwachsener verwaister Kinder eine neue Perspektive und eine veränderte Sichtweise auf die Begleitung und das Verständnis für trauernde Töchter und Söhne. »Nichts ist mehr, wie es einmal war.« – Stimmt! Das gesamte System ist einer Veränderung unterworfen. Das ängstigt.

Und woran wird erkennbar, wenn die Trauer allzu schwer wird? Wenn der Verlust nicht verarbeitet werden will oder nicht verarbeitet werden soll, weil dann der Lebenssinn fehlt? Oder weil man vielleicht einfach nicht weiß, wie das Leben jetzt funktioniert – ohne die Eltern?

Manchmal ist es Trauernden nicht möglich, über den Verlust zu sprechen. Sie weichen aus, erstarren oder beginnen zu weinen, ohne sprechen zu können. Oder relativ unbedeutende Ereignisse lösen Trauerreaktionen aus: Verluste beispielsweise, die andere erleiden, Vorkommnisse wie der Verlust des Portemonnaies oder des Schlüssels oder auch der Tod einer Nachbarin, mit der man kaum Kontakt hatte, führen zu heftigen Reaktionen und Gefühlen.

Ein weiteres Anzeichen für unverarbeitete Trauer kann es sein, den Umgang mit allen Dingen zu vermeiden, die an den Verstorbenen erinnern. Das kann sich auch derart bemerkbar machen, dass die Hinterbliebenen nicht zum Grab gehen, nicht mehr an Familienfesten oder sonstigen familiären Ritualen teilnehmen. Die Töchter und Söhne versuchen, alle Gedanken an die Mutter oder den Vater auszulöschen und Aktivitäten, die an die Verstorbenen erinnern, zu vermeiden.

Eine unangemessene Euphorie oder ein inneres Gefühl von Getriebensein können darauf hindeuten, dass die Trauer »stecken geblieben« ist. Sich in Aktivitäten zu stürzen und übertrieben euphorisch auf Ereignisse zu reagieren, kann ein Versuch sein, die Trauergefühle abzuwehren.

Manchmal weigern sich die hinterbliebenen Kinder über einen langen Zeitraum, die Wohnung oder das Haus der verstorbenen Eltern aufzulösen. Es darf nichts verändert werden. Alles muss so bleiben, wie es zu Lebzeiten der Eltern gewesen ist. Nichts wird weggeworfen. Alles wird gehortet. Ein nicht endender Totenkult wird inszeniert.

Auch eine unerklärliche Traurigkeit, die alljährlich zu einer bestimmten Zeit auftritt, kann auf eine unverarbeitete Trauer hindeuten. Feiertage, Urlaubszeiten, Feste können solche Anlässe sein. Die Hinterbliebenen werden durch bestimmte Aktivitäten oder zu bestimmten Jahreszeiten unbewusst immer wieder an den Verlust erinnert. Schöne Erinnerungen können nicht als Ressource genutzt werden.

Bei manchen Trauernden ist die Sehnsucht nach den Verstorbenen so groß, dass sie unbewusst ähnliche Krankheitssymptome entwickeln – verknüpft mit der Hoffnung, ebenfalls bald zu sterben, um sich wieder mit dem Verstorbenen verbunden zu fühlen. Bei all diesen Anzeichen unverarbeiteter Trauer ist meist eine psychotherapeutische Begleitung hilfreich und unterstützend.

6.2 Beziehung über den Tod hinaus

Es stellt sich für uns in der Trauerbegleitung die Frage, ob es überhaupt möglich ist, sich ganz und gar vom »Du« zu lösen. Sich von einem Menschen zu lösen, mit dem man eine Bindung eingegangen ist. Sind erwachsene Kinder emotional überhaupt in der Lage, sich von den Eltern nach deren Tod ganz und gar zu entbinden?

Dennis Klass und seine Arbeitsgruppe haben sich in den 1990er Jahren mit dem Thema »Continuing Bonds« (Klass, Silverman u. Nickman, 1996) beschäftigt. Auch Klass geht in seinem Konzept der fortgesetzten Bindung davon aus, dass der Tod Leben beendet, doch nicht zwangsläufig das Erleben der Verbundenheit mit den Verstorbenen. Dieser Ansatz brachte eine neue Sichtweise auf das Trauergeschehen.

Klass knüpft mit seinen Gedanken an Bowlby an und orientiert sich damit an dessen Bindungstheorie. Bowlby wies schon in den 1980er Jahren darauf hin, dass die Verbindung zum Verstorbenen weiterbestehen kann und »dass dies ein integraler

Bestandteil gesunder Trauer ist« (Bowlby, 1983, S. 183). Volkan entwickelte diesen Gedanken weiter und kam zu der Erkenntnis, dass die Hinterbliebenen die Verstorbenen nicht aus ihren Erinnerungen und ihrem Denken verbannen. Es bleibe vielmehr eine innere emotionale Beziehung, die für die Identität der Hinterbliebenen von großer Bedeutung ist. »Ein Trauernder vergisst nie den Verstorbenen, der wichtig war in seinem Leben, und er zieht die emotionale Besetzung von dessen Repräsentanz nie gänzlich zurück. Wir können die, die uns nahe waren, nie aus unserer Lebensgeschichte ausschließen, Dies würde unserer eigenen Identität schaden« (Volkan, zit. nach Kachler, 2019, S. 39). Volkan leitet daraus vier Traueraufgaben für die Hinterbliebenen ab:
- die Realität des Verlustes akzeptieren,
- den Trauerschmerz erfahren,
- sich an eine Welt ohne den Verstorbenen anpassen,
- eine dauerhafte Verbindung zum Verstorbenen finden, während man sich zugleich auf ein neues Leben einlässt (Kachler, 2019, S. 44).

Klass und seine Arbeitsgruppe entwickelten aus den Erkenntnissen der vorangegangenen Forschungen und empirischen Untersuchungen folgende weiterführenden Leitgedanken, die für unsere Arbeit in der Begleitung von Trauerprozessen maßgeblich sind (Kachler, 2019, S. 40):
- Trauernde realisieren einerseits den Tod des geliebten Menschen, andererseits bewahren sie ihre Liebe für den Verstorbenen.
- Trauernde konstruieren aktiv eine innere Repräsentation des Verstorbenen.
- Trauernde bewahren ein Gefühl von Nähe, Präsenz und eine innere Verbindung zum Verstorbenen.
- Die weitergehende Bindung ist auf einer bewussten und unbewussten Ebene angesiedelt.

- Die weitergehende Bindung kann auch belastend sein, wenn sie eingefroren (frozen) ist oder zu rigide gelebt wird.
- Die weitergehende Bindung ist in der Regel eine konstruktive Ressource für das Weiterleben der Hinterbliebenen.
- Die innere Repräsentanz des Verstorbenen verändert und entwickelt sich mit der Zeit.

Der zu bewältigende Prozess besteht im Wesentlichen also darin, eine Adaption an das Leben ohne den oder die geliebten Menschen zu bewerkstelligen. Der Tod der alten Eltern zieht diese Adaption auf ganz besondere Weise und auf vielen Stufen nach sich.

Nehmen wir die »neurologischen Ebenen« von Robert Dilts (2013) zur Grundlage, so haben Wendepunkte Auswirkungen auf den gesamten Kontext, in dem wir leben, auf unser Verhalten, unsere Fähigkeiten, unsere inneren Glaubenssätze und Werte und damit schlussendlich auf unsere Identität und Spiritualität. Das heißt, der Trauerprozess öffnet letztendlich eine neue Suche nach dem Sinn des eigenen Lebens. Das Trauern ist aus diesem Grund kein sinnloses Gefühlschaos, sondern eine Entwicklungsressource, die zu nutzen eine persönlichkeitsentwickelnde Chance in sich trägt.

Trauer bewirkt – wenn sie mit all ihrer Intensität und positiven Absicht anwesend sein darf – eine Neukonstruktion des eigenen Systems. Und sie beruhigt sich, wenn die zunächst kaum regulierbaren Emotionen wieder zu sinnvollen und kontrollierbaren Handlungen führen. Am Ende steht das Ziel, den Platz im eigenen Leben neu zu finden und gleichzeitig die Verstorbenen als innere Ressource in sich zu tragen und für sich selbst nutzbar machen zu können. So kann Trauerarbeit zur Beziehungsarbeit werden.

Frank Natho (2007, S. 150) schreibt: »Die Bindung an sich, an einen Vater, eine Mutter oder einen verstorbenen langjährigen Lebenspartner, mit dem man Glück und Leid teilte, bleibt bis zum eigenen Tod erhalten. Der Trauerprozess als Reaktion auf den Verlust der Bindungsperson hat kein Ende. Mit dem Aufbau kompensatorischer Muster und der qualitativen Veränderung von Bindung nimmt die Intensität der Trauer allmählich ab.« Natho bezieht sich unter anderem auf die Forschungsergebnisse von Karin und Klaus Grossmann (2004) und zieht die Schlussfolgerung, dass frühkindliche Bindungserfahrungen das Bindungs- und Trennungsverhalten über das gesamte Leben hin beeinflussen: »Frühe Bindungserfahrungen prägen die gesamte Persönlichkeit bzw. das emotionale Gedächtnis« (Natho, 2007, S. 158).

Ziel der Trauerbegleitung ist es also, die Bindung an Mutter und Vater anzuerkennen und, sofern es eine emotional schwierige Bindung zwischen Kind und Eltern war, diese neu zu betrachten und im Rahmen des Trauerprozesses zu verarbeiten.

Für Roland Kachler (2019, S. 206) ist ein Trauerprozess günstig verlaufen, wenn

- Trauernde einen sicheren Ort für den Verstorbenen gefunden haben;
- Trauernde den Tod und die Abwesenheit des Verstorbenen – zu einem guten Stück – realisiert, anerkannt und achten gelernt haben;
- Trauernde erleben und verstehen, dass statt Trauer die Liebe die bessere Beziehungsbrücke zum Verstorbenen darstellt;
- Trauernde die wesentlichen Blockaden und Störungen in der Beziehung zum Verstorbenen weitgehend geklärt und gelöst haben;
- Trauernde erleben, dass die innere Beziehung und Liebe zum Verstorbenen zunehmend sicher und frei wird.

Daraus ergeben sich für diejenigen, die Trauerprozesse begleiten – beraterisch, therapeutisch, seelsorglich –, vielfältige Möglichkeiten der professionellen Unterstützung.

Ich möchte an dieser Stelle die »Phasen der normalen Trauer« nach Jorge Bucay vorstellen. Der argentinische Autor, Psychiater und Gestalttherapeut hat in seinem »Buch der Trauer« (2020, S. 169) sieben Trauerphasen beschrieben. Sie stellen für mich eine bereichernde Ergänzung zu den anderen Modellen dar (siehe Abbildung 1).

1.	Ungläubigkeit	Erstarrung Ableugnung Konfusion
2.	Regression	Weinkrämpfe Zusammenbrüche Fassungslosigkeit
3.	Wut	auf den Todesverursacher auf den Verstorbenen, der mich im Stich gelassen hat
4.	Schuldgefühle	weil ich ihn/sie nicht retten konnte wegen dem, was wir versäumt haben
5.	Verzweiflung	Ohnmacht innere Unruhe Pseudohalluzinationen Idealisierung des Verstorbenen Gefühl vollständigen Zerstörtseins
6.	Phase der fruchtbaren Trauer	aktiv werden in Verbundenheit mit dem Toten Identifikation mit dem Verstorbenen
7.	Akzeptieren	Distanzierung Internalisierung

Abbildung 1: Sieben Phasen der Trauer (nach Bucay, 2020, S. 169)

„Es war einmal eine Insel, auf der sämtliche menschlichen Gefühle und Empfindungen zu Hause waren. Angst, Hass, Weisheit, Liebe, Unglück – alle waren sie dort.
Eines Tages rief die Vernunft die Inselbewohner zusammen und sagte: ›Ich habe eine schlechte Nachricht für euch: Die Insel versinkt.‹

Alle Emotionen, die auf der Insel lebten, sagten: ›Das kann doch nicht sein! Wir leben doch schon immer hier!‹
Die Vernunft wiederholte noch einmal: ›Die Insel versinkt.‹
›Aber das kann nicht sein! Vielleicht irrst du dich!‹
›Ich irre mich nie‹, erklärte die Vernunft. ›Wenn ich euch sage, dass sie untergeht, dann geht sie unter.‹
›Aber was sollen wir denn jetzt machen‹, fragten die Übrigen.
Darauf antwortete die Vernunft: ›Also, macht, was ihr wollt. Aber ich finde, ihr solltet darüber nachdenken, wie ihr von der Insel wegkommt ... Baut ein Schiff, ein Boot, ein Floß oder was auch immer. Wer auf der Insel bleibt, wird mit ihr untergehen.‹
›Kannst du uns nicht helfen?‹, fragten alle, weil sie auf ihre Fähigkeiten vertrauten.
›Nein‹, sagte die Vernunft, ›die Voraussicht und ich haben bereits ein Flugzeug gebaut, und wenn diese Versammlung vorbei ist, fliegen wir auf die nächstgelegene Insel.‹
Die Gefühle sagten: ›Aber das geht doch nicht! Und wir?‹
Die Vernunft stieg mit ihrer Reisegefährtin ins Flugzeug und hob von der Insel ab. Die Angst war als blinder Passagier mit an Bord, nachdem sie sich, nicht dumm, im Flugzeug versteckt hatte.
Alle Gefühle machten sich daran, ein Schiff, einen Kahn, ein Segelboot zu bauen ... Alle, außer der Liebe.
Denn die Liebe war allen Dingen auf der Insel so verbunden, dass sie sagte: ›Die Insel verlassen, nach allem, was ich hier erlebt habe ... Wie könnte ich zum Beispiel dieses Bäumchen zurücklassen? Wir haben so vieles miteinander geteilt.‹
Und während jeder damit beschäftigt war, irgendwie wegzukommen, kletterte die Liebe auf jeden Baum, schnupperte an jeder Rose, ging zum Strand und wälzte sich im Sand, wie sie es immer getan hatte, berührte jeden Stein ... Und dachte mit dieser Naivität, die der Liebe eigen ist: ›Vielleicht versinkt sie nur ein kleines Stückchen, und dann ...‹
Doch die Insel versank immer mehr.

Trotzdem konnte die Liebe nicht daran denken, ein Boot zu bauen, denn sie war so traurig, dass sie nur weinen und klagen konnte um das, was sie verlieren würde.
Wieder und wieder berührte sie jeden Stein, setzte sich in den Sand und benetzte ihre Füße …
›Nach allem, was wir zusammen durchgemacht haben …‹, sagte sie zu der Insel.
Die Insel versank noch ein wenig mehr.
Schließlich war nur noch ein kleines Stückchen davon zu sehen. Der Rest war von Wasser bedeckt.
In diesem Moment wurde der Liebe klar, dass die Insel tatsächlich unterging, und wenn es ihr nicht gelang, zu fliehen, würde die Liebe für immer vom Antlitz der Erde verschwinden. Also lief sie durch tiefe Pfützen zum höchstgelegenen Teil der Insel. Sie hatte die Hoffnung, von dort einen Gefährten zu entdecken, den sie bitten konnte, sie mitzunehmen.
Als sie aufs Meer hinausblickte, sah sie das Schiff des Reichtums kommen und gab ihm ein Zeichen. Der Reichtum steuerte ein wenig näher an die Küste heran.
›Reichtum, du hast so ein geräumiges Schiff. Würdest du mich zur Nachbarinsel mitnehmen?‹
Doch der Reichtum antwortete: ›Ich bin so vollbeladen mit Geld, Geschmeide und Edelsteinen, dass ich keinen Platz für dich habe. Tut mir leid.‹ Und er setzte seinen Weg fort, ohne sich noch einmal umzudrehen.
Die Liebe hielt weiter Ausschau und sah die Eitelkeit in einem wunderschönen, prächtigen Schiff voller Schnitzereien, Glaslüster, Marmorintarsien und bunten Blumen herannahen. Die Liebe streckte sich ein wenig und rief: ›Eitelkeit! Eitelkeit! Nimm mich mit!‹
Die Eitelkeit sah die Liebe an und sagte: ›Ich würde dich ja gerne mitnehmen, aber du siehst so … so abstoßend aus, schmutzig und ungepflegt … Tut mir leid, aber du würdest mein Schiff verunzieren.‹ Und sie segelte davon.

Als die Liebe schon dachte, es käme niemand mehr vorbei, sah sie, wie sich ein ganz kleines Boot näherte, das letzte. Es war das Boot der Traurigkeit. ›Traurigkeit, meine Schwester‹, sagte sie zu ihr. ›Du kennst mich so gut, du nimmst mich bestimmt mit, oder?‹ ›Ich würde dich ja mitnehmen, aber ich bin so traurig, dass ich lieber alleine bleibe.‹ Und sie fuhr ohne ein weiteres Wort davon. Der armen Liebe wurde klar, dass sie im Meer versinken würde, weil sie sich so sehr an die Dinge geklammert hatte, die ihr lieb und teuer waren. Sie setzte sich auf das letzte Stückchen, das von der Insel übrig geblieben war, um das Ende abzuwarten … Da hörte sie plötzlich jemanden pfeifen.
Es war ein alter Mann, der ihr aus einem Ruderboot zuwinkte. Die Liebe rief: ›Meinst du mich?‹
›Ja, dich‹, sagte der Alte. ›Komm, ich rette dich.‹ Die Liebe sah ihn an und sagte: ›Also, es ist so: Ich bin zurückgeblieben, weil …‹
›Ich verstehe‹, sagte der Alte, ohne sie ausreden zu lassen. ›Steig ein, ich rette dich.‹
Die Liebe stieg in das Boot, und sie begannen zu rudern, um von der Insel wegzukommen, die tatsächlich einige Minuten später versank und für immer unterging.
Als sie die Nachbarinsel erreichten, wurde der Liebe bewusst, dass sie lebte und dank dieses alten Mannes weiterleben würde, der ohne ein Wort und genauso geheimnisvoll verschwand, wie er gekommen war.
Da traf die Liebe die Weisheit und fragte sie: ›Er hat mich gerettet, dabei kenne ich ihn gar nicht. Wie kann das sein? Alle anderen haben nicht verstanden, warum ich geblieben bin. Er aber hat mir geholfen, und ich weiß nicht einmal, wer er ist …‹
Die Weisheit sah sie an und sagte: ›Das war die Zeit. Und die Zeit, Liebe, ist das Einzige, was dir helfen kann, wenn ein Verlust so weh tut, dass du glaubst, nicht weiterleben zu können.‹«

Jorge Bucay (2020, S. 199)
Mit freundlicher Genehmigung des S. Fischer Verlags

6.3 Trauer und sichere Bindung: Die Liebe ist spürbar

Sterben die alten Eltern, so trauern unterschiedliche Persönlichkeitsanteile. Vorrangig betrifft der Verlust von Mutter und Vater den kindlichen und den Erwachsenenanteil in uns. »Ich habe kein Zuhause mehr.« »Es ist niemand mehr da, der mich seit dem ersten Atemzug kennt.« »Niemand, mit dem ich all die Erinnerungen teilen kann.« »Ich bin niemandes Kind mehr.« So und ähnlich beschreiben Erwachsene häufig den Verlust beider Elternteile. Sie trauern um die verlorene Beziehung. Sie trauern um die Bindung, die abhandengekommen zu sein scheint. Sie trauern um das eigene Selbst. Gunther Schmidt beschreibt diese Form der Trauer als einen »Ausdruck von der Sehnsucht, in Verbindung zu bleiben« (zit. nach Kachler, 2019, S. 11).

Ist die Beziehung zwischen Eltern und Kind eine sichere, geborgene und tragfähige Beziehung von Beginn des Lebens an gewesen, sprechen wir von einer sicheren Bindung. Das heißt, aus diesen Kindern wurden Erwachsene, die beziehungsorientiert und bindungsoffen sind. Die ein positives Selbstbild entwickeln konnten, über eine hohe Selbstachtung verfügen und einen konstruktiven Zugang zu ihrer eigenen Emotionalität haben. Es sind Menschen mit einem gesunden Selbst.

Erwachsene Kinder mit diesem Bindungsmuster verfügen über gute Voraussetzungen, um den Verlust der Eltern selbstwirksam zu verarbeiten. Wenn die Beziehung zwischen Eltern und Kind aufbauend, stärkend und liebevoll sehend war, nimmt die Trauer und der damit verbundene Prozess einen Verlauf, der irgendwann darin mündet, dass die Liebe und die Verbundenheit zu den Eltern ein integrierter, wertvoller Bestandteil der eigenen Persönlichkeit sein darf und kann.

»Den Verlust eines Menschen müssen wir aus der Bindung heraus verstehen: Weil wir Menschen uns aufeinander einlassen, uns aneinander binden, einander teilnehmen lassen an unserem Leben, uns lieben, bedeutet jeder Verlust auch eine große Beeinträchtigung unseres Selbstverständnisses« (Kast, 2011). Das heißt, nach dem Tod der Eltern geht es darum, ein neues Selbstverständnis, eine zum Teil erweiterte, andere Identität zu entwickeln:

- Wer bin ich jetzt, wenn ich ohne Mutter und Vater bin?
- Was von all dem, was sie mir gegeben haben, möchte ich nach ihrem Tod ganz bewusst mit in mein Leben nehmen?
- Wie kann ich meine Wesenheit mehr leben?
- Welche inneren Glaubenssätze kann ich verändern?
- Welche inneren und äußeren Einschränkungen fallen nach dem Tod weg?
- Wie will ich den leer gewordenen Raum neu und anders füllen?
- Was will ich ab jetzt nicht mehr weiterleben?
- Was habe ich Zeit meines Lebens – trotz guter Bindung und Beziehung – vermisst?
- Wofür bin ich dankbar?

Je kräftiger das Selbst sich im Laufe der Kindheit und des Lebens entwickeln konnte, umso besser gelingt es, die Traueraufgaben zu bearbeiten. Je mehr Wurzeln wir in der Kindheit bilden konnten, je geerdeter und sicherer wir im Leben stehen, umso stabiler können wir mit dem Chaos der Gefühle, die beim Verlust der Eltern auftreten können, umgehen. Sie einordnen. Umso sicherer können wir der inneren Unruhe mit Klarheit und Stärke begegnen. Kummer, Angst, Zorn, Liebe, Schuld und Erleichterung dürfen präsent sein, dürfen einen Ausdruck finden und sich letztendlich wieder beruhigen und ihren angestammten Platz auf unserer inneren Bühne einnehmen.

Eltern, die ihre Kinder mit einer liebevollen Haltung und Fürsorge, mit Verständnis und achtsamer Präsenz begleitet haben, haben im Wesentlichen dazu beigetragen, dass diese einen erfüllenden Zugang zu den eigenen Emotionen haben. Und somit auch all die Gefühle, die mit dem Verlust der Eltern einhergehen, annehmen und ausdrücken können. »Je eindeutiger die Beziehung war, umso eindeutiger können die Gefühle beim Abschiednehmen sein« (Dobrick, 2017, S. 127).

Ein gelingender Trauerprozess zeichnet sich des Weiteren darin aus, dass wir den Toten einen Platz in unserem Herzen geben. Dass wir als erwachsene Kinder – insoweit es die Beziehung zu den Eltern erlaubt – die wohlmeinenden, liebevollen Eltern in uns tragen und damit die Beziehung zu ihnen von außen nach innen bringen. Im besten Fall spüren wir sie fortan als etwas Wärmendes, Stützendes, Nährendes in der Herzgegend. Menschen, die emotional satt geworden sind in der Kindheit, können dies immer wieder erleben und berichten. In meiner Praxis höre ich häufig solche oder ähnliche Sätze: »Manchmal – wenn ich einen Rat brauche – stelle ich mir vor, meine Mutter sitzt an meiner Bettkante und streichelt mir sanft übers Haar. Sofort werde ich ruhig und kann ihre Liebe in mir spüren.« »Wenn ich mit meinen Söhnen spiele, ist mein kürzlich verstorbener Vater innerlich anwesend. Ich bin ihm sehr dankbar für die Zeit, die er mit mir gemeinsam verbracht hat. Ich spüre seine Stärke und Lebensfreude in mir.«

Wenn die Trauer den Raum und die Zeit erhält, die sie braucht, wenn sie einfach da sein darf, so wie zum Beispiel die Freude, die Angst, die Neugier, die Wut, dann kann sich all das integrieren, was dableiben darf. Was gefühlt werden darf und in der Erinnerung noch lange angeschaut werden darf.

Abschied von den Eltern, und damit Abschied von der eigenen Kindheit, meint also nicht ein Vergessen, ein Abspalten, ein »Nicht mehr an die Verstorbenen Denken«. Es bedeutet vielmehr, dass eine Integration der Toten von grundlegender Bedeutung für ein befreites und gesundes Weiterleben, für die eigene Entwicklung ist. Und im Fall der Verwaisung im Erwachsenenalter bedeutet es die Befriedung mit der eigenen Kindheit.

Die Aufrechterhaltung der inneren Verbindung zu den verstorbenen Eltern bedeutet die Aufrechterhaltung der Verbindung zum eigenen inneren Kind. Und damit werden eine Lebendigkeit und Verbindung zur eigenen Wesenheit neu inspiriert.

6.4 Trauer und unsichere Bindung: Der ungestillte Hunger

Doch wie gestalten sich Trauer, Abschied, Verlust, wenn die Beziehung zu den Eltern emotional nicht sättigend war? Wenn die Sehnsucht nach dem »Gesehenwerden«, nach dem »Genügen«, dem »Sich-willkommen-Fühlen«, die Sehnsucht nach einer Daseinsberechtigung ein Leben lang präsent war? Oder was ist, wenn die Hoffnung auf innere Befreiung nicht erfüllt wurde, wenn die heilsversprechenden Worte »Du bist gut so, wie du bist; und ich bin stolz auf dich« bis zum Schluss nicht gesprochen wurden? Was ist, wenn Eltern niemals die sehnsüchtig erwarteten Entschuldigungen ausgesprochen haben? Oder nie um Verzeihung und Vergebung gebeten haben, worauf die kindliche Seele noch immer so sehr hofft?

Wenn die Beziehung zwischen Kind und Eltern von Anbeginn an brüchig und unsicher war, haben es erwachsene Töchter und Söhne meist schwer, einen gesunden Trauerprozess zu erleben. Der emotionale Hunger kommt ihnen in die Quere und macht auf sich aufmerksam. Und er gestaltet seine Präsenz ausgesprochen deutlich: mit Wut, Zorn, Verbitterung, Erstarrung, Selbstentwertung, Depression, Traurigkeit und Frustration. Gefühle, die lange Zeit kontrolliert werden konnten, nehmen sich jetzt ihren Raum. Die Eltern sind tot. Der Schock über die Realisierung, niemals mehr satt werden zu können, die vielfältigen eigenen Gefühle nicht mehr an Mutter oder Vater regulieren zu können, nimmt sich seinen Raum.

Anders als bei sicher gebundenen, in sich gestärkten erwachsenen Kindern sind die niemals Gesättigten mit ihrem Selbst eher im Unglück. Mit den Beinen sind sie eher wackelig im Leben. Ihre inneren Wurzeln gleichen eher denen einer zarten Birke als denen einer standhaften alten Eiche.

Sie brauchen Sicherheit im Außen. Im Innen können sie es zu wenig finden. Getragen hat sie die trügerische Hoffnung, von den Eltern doch noch zu bekommen, was ihnen in ihrer Wahrnehmung seit Langem zusteht. Aufmerksamkeit, Anerkennung, Wertschätzung, Dankbarkeit und eine Verbindung von Herz zu Herz. Ihr Suchen nach Aufmerksamkeit von Mutter und Vater scheint nach dem Tod sinnlos. Doch wenn dieser Sinn entfällt, diese Energie des Suchens fortan ins Leere läuft, was ist dann noch wirklich sinnhaft im eigenen Leben?

»Was übrigbleibt, ist das eigene Selbst. Und dieses Zurückgeworfensein auf sich selbst ist nicht immer leicht. Ist nicht immer nährend. Ist nicht immer erfüllend. Ist nicht immer befreiend. Oftmals macht sich so etwas wie eine Ratlosigkeit breit. Und was nun? Was kann ich in mir selbst entdecken?« (Kast, 2011).

Nicht selten ging ein Großteil der inneren Energieaufwendung, der psychischen Kraft, in die Beschäftigung mit dem hungrigen Selbst und damit auch hin zur Beschäftigung mit der Mutter und dem Vater. Die positive Hinwendung zum eigenen Selbst, die Selbstliebe und die Selbstfürsorge fanden kaum Raum und Zeit.

Im Trauerprozess lösen wir uns vom Beziehungsselbst ab und konzentrieren uns auf unser eigenes Selbst. Idealerweise wendet man sich nach einer gewissen Zeit wieder anderen Menschen und der äußeren Welt zu. Die Beziehung zum Verstorbenen verändert sich, wird integriert und ist fortan ein fester Bestandteil im Leben der Hinterbliebenen. Anders verläuft die Trauer, wenn die Seele hungrig geblieben ist. Wenn die Grundstimmung des Lebens sich dahin ausrichtete, doch noch irgendwo »Nahrung« zu bekommen. Wenn sich dieser Impuls zeitlebens auf die Eltern gerichtet hat, so erfährt das Selbst nun – nach deren Tod – eine tiefe Sinnlosigkeit und Erschütterung im Sein.

Im Trauerprozess ist es grundsätzlich notwendig, sich von einem Beziehungsselbst auf das individuelle Selbst zu reorganisieren. Wenn jedoch das Selbst lebenslänglich damit beschäftigt war, in irgendeiner Art und Weise die Liebe und Anerkennung der Eltern doch noch zu ergattern, so stellt sich am Ende die Frage: Was jetzt? Wohin richtet sich die innere und äußere Aufmerksamkeit, wenn die Kindheit plötzlich zu Ende ist und so vieles ungelöst bleibt? Was ist das eigentliche, so schmerzhaft empfundene Drama? Sind doch die widersprüchlichen Emotionen nach dem Tod lediglich ein Spiegel der jahrzehntelang gelebten Beziehung.

Simone de Beauvoir (1965, S. 85) beschreibt ihre ambivalenten Gefühle nach dem Tod der Mutter: »Unsere frühere Beziehung lebte also in ihrer doppelten Gestalt in mir weiter: als geliebte und zugleich verwünschte Abhängigkeit [...] Die liebe kleine Mama, die sie in meinem zehnten Lebensjahr für mich war, unterscheidet sich nicht mehr von der feindseligen Frau, unter deren Druck meine Jugend stand. Als ich meine alte Mutter beweinte, beweinte ich alle beide. Das Traurige am Scheitern unserer gegenseitigen Beziehung, mit dem ich mich abgefunden zu haben glaubte, wurde mir wieder beklemmend deutlich.«

Was sind die Faktoren für die »komplizierte Trauer« – wie Verena Kast (2011) sie nennt? Das Komplizierte an diesem Trauerprozess ist die fehlende frühzeitige Ent-Bindung der Töchter und Söhne von den Eltern. Über die emotionale Mangelversorgung sind sie auf tragische Weise in der Verbindung geblieben. Eine innerliche Loslösung von den Eltern in angemessener Weise und zu einem angemessenen Zeitpunkt hat nicht stattgefunden. Oftmals haben auch die Mütter und Väter versucht, ihre Kinder möglichst lange und fest an sich zu binden.

»Unsere Gesellschaft insgesamt ist bestimmt von Familienvorstellungen, die seelische Unabhängigkeit, das wirkliche Erwachsenwerden der Kinder verpönt, ja, als Lieblosigkeit beklagt. Die dadurch begünstigten Abhängigkeiten werden vielen Söhnen und Töchtern erst beim Tod der Eltern richtig bewusst« (Dobrick, 2017, S. 126).

Das Erkennen der eigenen Abhängigkeit von den Eltern – auch noch oder gerade im Erwachsenenalter – macht den Trauerprozess zu einem Trauern über das eigene Schicksal. Die Realisation dessen, immer noch unsicher gebunden zu sein an Mutter und Vater durch kindliche Wünsche und Enttäuschungen, verursacht Gefühle von Scham, Schuld, Wut und Enttäuschung. Das eigene Selbstbild – von Kindheit an ohnehin schon recht defizitär – bekommt Bestätigung für seinen selbstempfundenen Mangel.

Je größer die ungelösten inneren Konflikte sind, desto komplizierter stellt sich die Trauerarbeit dar. Gefühle können dann nicht einfach nebeneinanderstehen, empfunden und ausgedrückt werden. Die alte Verstrickung zu den Eltern wird hier deutlich. Immer wieder schleichen sich Wut, Scham, Enttäuschung und Schuld ein. Die widersprüchlichen Gefühle verhindern einen gesunden, fließenden Prozess des Abschiednehmens.

Im Beweinen und Betrauern der alten Eltern beweinen und betrauern wir vor allem uns selbst. Das Ungelebte und Versäumte gehört nun unwiederbringlich der Vergangenheit an. Ungestillte Hoffnung und Sehnsucht nach Geborgenheit, einer schützenden Hand, nach nährenden und stärkenden Eltern, der Wunsch danach, gesehen zu werden und eine Bedeutung im Leben der Eltern zu erlangen, im eigentlichen Wesen erkannt und geliebt zu werden – all dies wird betrauert und nochmals als Verlust deutlich.

Wenn eine Versöhnung zwischen Eltern und Kind zu Lebzeiten nicht stattgefunden hat, bleiben innere Verstrickungen bestehen. Meist lang über den Tod hinaus.

»Letztes Lied

Ich werde fortgehn, Kind. Doch Du sollst leben
Und heiter sein. In meinem jungen Herzen
Brannte das goldne Licht. Das hab ich Dir gegeben,
Und nun verlöschen meine Abendkerzen.
Das Fest ist aus, der Geigenton verklungen,
Gesprochen ist das letzte Wort.
Bald schweigt auch sie, die dieses Lied gesungen.
Sing Du es weiter, Kind, denn ich muss fort.
Den Becher trank ich leer, in raschem Zug
Und weiß, wer davon kostete, muss sterben …
Du aber, Kind, sollst nur das Leuchten erben
Und all den Segen, den es in sich trug:
Mir war das Leben wie ein Wunderbaum,
von dem in Sommernächten Psalmen tönen.
– Nun sind die Tage wie ein geträumter Traum;
Und alle meine Nächte, alle – Tränen.
Ich war so froh. Mein Herz war so bereit.
Und Gott war gut. Nun nimmt er alle Gaben.
In Deiner Seele, Kind, kommt einst die Zeit,
soll, was ich nicht gelebt, Erfüllung haben.
Ich werde still sein, doch mein Lied geht weiter.
Gib Du ihm Deinen klaren, reinen Ton.
Du sei ein großer Mann, mein kleiner Sohn.
Ich bin so müde – aber Du sei heiter.«

Mascha Kaléko (2014, S. 57)
Mit freundlicher Genehmigung des Deutschen Taschenbuch-Verlags

7 Die Verwaisung

Eine Besonderheit der Trauer ist die Trauer über den Verlust der alten Eltern. Besonders und bemerkenswert ist dieser Abschied insofern, als dass er häufig nicht die Beachtung erfährt, die notwendig wäre, um diesen Verlust zu integrieren und für sich schließlich nutzbar zu machen. Wie lange darf man in unserer Gesellschaft trauern, wenn die greisen Eltern sterben? Wie viel Zeit wird den hinterbliebenen erwachsenen Kindern zugestanden, um sich neu zu orientieren? Wie viele Tage, Wochen und Monate darf man sich den inneren und äußeren Raum nehmen, um ganz und gar erwachsen zu werden?

Es ist eine unumstößliche Tatsache, dass die eigenen Eltern irgendwann sterben werden. Verläuft es entsprechend dem evolutionären Plan, sterben Mutter und Vater vor den eigenen Kindern. Töchter und Söhne haben im besten Fall mehrere Jahrzehnte Zeit, sich zu lösen, selbstständig zu werden, erwachsen zu werden, eigene Lebenswege zu gehen. Idealerweise kann es viele Jahre der gegenseitigen Bereicherung geben, der konstruktiven Auseinandersetzung, der beidseitigen Unterstützung. Sodass die Eltern – wenn sich ihr Leben dem Ende zuneigt – von den Kindern zurückbekommen, was sie am Anfang des Lebens ihren Kindern gegeben haben. Der Kreis darf sich schließen. Geben und Nehmen sind ausgeglichen. Die innere Bilanz beider Generationen fühlt sich stimmig ein. Alles ist gegeben. Alles ist gesagt. Die erwachsenen Kinder sind emotional gesättigt. Sie spüren kein Verlangen mehr, »nachgenährt« zu werden. Auch gibt es keine unausgesprochenen oder ausgesprochenen Erwartungen mehr an

Mutter oder Vater, alte Wunden zu heilen. Unbefriedigte Bedürfnisse zu stillen. Im Idealfall können erwachsene Kinder ihre alten Eltern mit dem Gefühl eines inneren Friedens gehen lassen.

Und die Alten können an ihrem Lebensende eine elterliche Beziehung spüren, die durch eine kontinuierliche Bindung geprägt ist und bis zum Tode reicht. Alles ist gesagt. Alles ist gegeben. Ein innerer Frieden in Bezug auf die Verbindung zu den erwachsenen Töchtern und Söhnen darf sich ausbreiten. Man kann gewiss sein: Die eigenen Kinder sind lebensfähig. Überlebensfähig.

Und dennoch stellt der Tod der alten Eltern einen Wendepunkt im Leben dar. Wenn die innere Bilanz ausgewogen ist und sich das verwaiste erwachsene Kind emotional gesättigt fühlt, wird dieser Wendepunkt meist als natürlicher Teil des Lebens anerkannt und innerlich verarbeitet. Anders stellt es sich dar, wenn der innere Hunger zu Lebzeiten nicht gestillt werden konnte. Wenn traumatische Ereignisse die Kindheit durchziehen und alte Wunden und Verletzungen noch ungelöst zwischen den Generationen stehen. Können Eltern und erwachsene Kinder nicht friedvoll und gelassen voneinander Abschied nehmen, so entwickelt sich der Wendepunkt der »Verwaisung« häufig zu einer Krise. Einer Herausforderung für die Töchter und Söhne, die Wunden zu heilen, den emotionalen Hunger zu stillen – in der Anerkennung dessen, dass sie nunmehr tatsächlich elternlos sind und niemand mehr außer sie selbst diese Heilung vollziehen können. In diesen Fällen kann die Trauer um die eigenen Eltern zu einem Prozess der Selbstverantwortung, der inneren Reifung, der Ent-Wicklung werden.

In meiner Praxis begleite ich in den meisten Fällen Frauen und Männer, die noch eine »offene Rechnung« mit ihren Eltern – oder mit mindestens einem Elternteil – haben. Erwachsene, die noch immer – weit über den Tod der alten Eltern hinaus – mit ihnen durch Wut, Enttäuschung, Hass verbunden sind.

Fragen und Vorwürfe und Schuld lassen die Seelen nicht in Ruhe leben: »Wie anders hätte mein Leben sein können, wenn …«, »Warum haben sie mir das angetan?«, »Warum haben sie mich nicht geschützt?«, »Warum haben sie mir überhaupt dieses Leben zugemutet?«, »Ich wäre gerne eine gute Tochter/ ein guter Sohn gewesen«, »Es quält mich, dass sie nicht lieben konnten. Nun ist es zu spät«.

Solche und ähnliche innere Gedankenschleifen verhindern eine heilende Verlusterfahrung. Sie verhindern die Neuorientierung, die Orientierung an den neuen Bedingungen: der Verwaisung.

„Mit Sicherheit gibt es einen Weg
Der vielleicht
Auf vielerlei Weise
Individuell und einzigartig ist

Vielleicht gibt es einen Weg,
der mit Sicherheit
auf vielerlei Weise
für alle derselbe ist

Mit Sicherheit gibt es
Einen irgendwie möglichen Weg"

Jorge Bucay (2020, S. 215)
Mit freundlicher Genehmigung des S. Fischer Verlags

8 Wir sind die Nächsten

Der Verlust der alten Eltern unterscheidet sich von dem Verlust anderer Menschen und naher Angehöriger in einem ganz entscheidenden Aspekt: Es ist Gewissheit, dass Töchter und Söhne von nun an in der Generationenfolge die Nächsten sein werden. Sie werden – aller Wahrscheinlichkeit nach – die Nächsten sein, die sterben. Die eigene Endlichkeit sickert nach dem Tod der Mutter und des Vaters ins Bewusstsein. Es ist spürbar: Die Zeit ist gekommen, sich mit der eigenen Sterblichkeit auseinanderzusetzen. Das Verstecken hinter dem Gefühl einer endlos andauernden Kindheit wird zunehmend schwierig. Was schon seit Jahrzehnten erahnt und befürchtet wurde, ist nun Gewissheit: Der Tod der alten Eltern impliziert das Ende des Kindseins. Die Bedeutung dieses existenziellen Wendepunktes, dieses Wandels in der Generationenfolge, wird auf emotionaler Ebene erst ganz allmählich in Gänze fassbar und annehmbar.

Und plötzlich – wenn klar wird, dass man der oder die Nächste sein wird – verändert sich die Wahrnehmung der Zeit. Sie scheint schneller zu gehen. Das Gefühl einer grenzenlosen Zukunft – wie wir es in Kindertagen hatten – weicht dem der Endlichkeit. Jetzt – wann sonst – wird es Zeit zu leben. Jetzt ist die Zukunft nicht mehr endlos. Die Idealisierung einer immerwährenden Kindheit wird spätestens mit dem Tod der Eltern entzaubert.

Der eigene Tod rückt näher. Wann er eintritt, wissen wir nicht. Wir wissen nur, dass wir die Nächsten in der Generationenfolge sein werden. Und dass es ein »Bald« in uns gibt. Durch den Generationenwechsel hat der Tod einen Fuß in die Tür bekommen. Er hat sich Eintritt in unser System verschafft. Nehmen wir diese Veränderung an, sind wir offen für sie, bewältigen wir die Angst vor der Veränderung, so bietet sich die Chance der Auseinandersetzung mit dem eigenen Leben. Auf eine neue, von Ungewissheit gekennzeichnete Art und Weise.

Eine Klientin beschreibt es so: »Seit dem Tod meiner Eltern denke ich häufig darüber nach, wie viele Sommer ich wohl noch erleben werde. Mit Glück werden es zwanzig sein. Das macht mich wehmütig und traurig. Gleichzeitig spornt es mich an zu leben. Mit wilder Entschlossenheit und Mut mich will ich den kostbaren Lebensrest auskosten.«

Der Tod der alten Eltern kann eine Chance sein, bisher Ungelebtes zu leben. Es kann bedeuten, in einen Prozess des Suchens und der Neuorientierung einzusteigen. Und mit Erleichterung und Neugier ganz unbelastet und frei zu erforschen, wohin der Weg jetzt gehen darf.

Wenn die intensiven Trauergefühle sich beruhigt haben, kann der Wendepunkt dazu genutzt werden, sich neu zu orientieren und neue Entwicklungsschritte zu machen. Das eigene Leben darf noch einmal genau angeschaut und überprüft werden:

- Was darf weiterleben? In mir? Und im Außen?
- Welche Traditionen dürfen überdauern?
- Wie formt sich die eigene Identität neu?
- Wie gestalte ich den Lebensabschnitt, der vor mir liegt, wenn die Endlichkeit nun deutlich ihre Themen aufwirft?
- Wie soll die Verantwortung für mich selbst und für die nachfolgenden Generationen gestaltet werden?
- Wie kann es gelingen, dass diese Verantwortung nicht zu einer Bürde und Last wird, sondern in eine gestalterische Lebensenergie transformiert wird?

Der Tod der alten Eltern kann gute Entwicklungen begünstigen. Er kann das Leben erweitern.

9 Verwaiste Geschwister

»*In den folgenden Tagen vollzog sich die endgültige Auflösung der Familie. Eine Schändung und Zerstampfung fand statt, voll von Untertönen des Neids und der Habgier, obgleich wir nach außen hin einen freundlichen überlegenen Ton besten Einvernehmens zu wahren suchten. Auch für uns, obgleich wir uns schon längst davon entfernt hatten, besaßen alle diese angesammelten Dinge ihren Wert und plötzlich war mit jedem Dinge eine Fülle von Erinnerungen verbunden [...] Wir zogen und schoben an den Stühlen, Sofas und Tischen herum, gewaltsam brachen wir die Ordnung auseinander, die immer unangreifbar gewesen war, und bald glich das Haus einem Möbellager, und die Gegenstände, von der Hand unserer Mutter ein Leben lang gehütet und gepflegt, lagen in verschiedenen Zimmern zu fünf großen Haufen geschichtet, teils um übernommen, teils um verkauft zu werden ... Da war mir, als öffnete sich die Tür und meine Mutter erschiene, fassungslos in das geisterhafte Treiben ihrer Kinder starrend. In jedem von uns starb etwas in diesen Tagen, jetzt, nach der Plünderung, sahen wir, dass dieses Heim, aus dem wir ausgestoßen worden waren, doch eine Sicherheit für uns verkörpert hatte, und dass mit seinem Aufhören das letzte Symbol unserer Zusammengehörigkeit verschwand.*«

Peter Weiss, Abschied von den Eltern (2007)
© Suhrkamp Verlag Frankfurt am Main 1961.

Weiss beschreibt in seiner Erzählung, wie er den letzten Aufenthalt in seinem Elternhaus gemeinsam mit seinen Geschwistern erlebt hat. Er erzählt von Neid und Habgier, Wut und Zorn – Gefühle, die sich unter den Schwestern und Brüdern deutlich zeigen. Wenn das letzte Elternteil gestorben ist, brechen nicht selten alte Geschwisterrivalitäten wieder auf. Frühe Verletzungen und Kränkungen treten plötzlich in den Vordergrund. Die längst erwachsenen Töchter und Söhne verabschieden sich von der inneren und äußeren Lebensbühne und überlassen den verwundeten inneren Kindern den Raum. Es ist, als würde man die Zeit um Jahrzehnte zurückdrehen.

Längst erwachsene Kinder – oft selbst schon Eltern oder gar Großeltern –, die mitten im Leben stehen, verantwortlich handeln und sich im Alltäglichen mit Umgangsregeln auskennen, werden zu Kleinkindern. Regredieren. Fallen in alte Rollen zurück und treffen als Kinder aufeinander. Ihre Geschwisterliebe, ihr Anstand, ihre gute Fassade zeigen sich porös. Plötzlich schauen sie einander an und sehen die wütenden, gekränkten, verletzten Kindergesichter vor sich, und das eigene Gesicht ist ebenfalls von Wut gezeichnet.

In diesem Mehrpersonendrama dreht es sich – wie früher in Kindheitstagen – um Rollen auf der Geschwisterebene und Positionen innerhalb der Gesamtfamilie. Es geht um Liebe und Einfluss. Um Neid und Eifersucht. Und vor allem um die Frage: »Wen, liebe Mutter, lieber Vater, hast du am liebsten von uns Kindern?«

Nach dem Tod der Eltern fehlt die einstige Kontrollinstanz, die dafür sorgte, dass die konkurrierenden Gefühle der Geschwister einen akzeptablen Ausdruck fanden. In Zeiten der akuten Trauer zeigen sich diese so lange im Zaum gehaltenen Gefühle heftig und explosiv.

Sind Geschwister emotional hungrig geblieben oder fühlten sie die Zuneigung ungleich verteilt, sonnte sich ein Kind in der

Liebe und Zuwendung und ein anderes fühlte sich zeitlebens ungeliebt und ist noch immer in dieser Ungerechtigkeit verhaftet, zeigt sich dieser Zorn oft im Umgang mit dem Erbe. Dann zeigt sich die Gier. Ungebrochen. Seit Jahrzehnten schlummernd und auf ihren »Auftritt« wartend.

Im Streit um das Erbe geht es meist nur oberflächlich um materielle Werte. Die zugrunde liegende Motivation ist es, die inneren Konten auszugleichen. Arist von Schlippe (2012) sagte dazu: »Geld oder Sachgegenstände in Familien stehen ganz oft symbolisch für nicht oder zu wenig erhaltene Wertschätzung, für nicht genügend bekommene Anerkennung.« In Familien führt offenbar jedes Mitglied still vor sich hin so eine Art innerer Buchführung. Die basiert darauf, dass jeder im Geiste notiert, was er an Loyalität, was an Einsatz für die Familie erbracht hat. Von Schlippe (2012): »Das Problem ist, dass diese innere Buchführung privat erfolgt. Es gibt keine monatlichen Kontoauszüge, die man gegeneinander legen kann. Und sagen kann, ach, lieber Bruder, bei dir sieht das so aus, bei mir sieht das aber so aus. Sondern jeder erzählt sich seine eigene Geschichte.«

Sind die Eltern gestorben, liegt die letzte Chance, das gefühlte Unrecht noch gutzumachen, in der Verteilung des Erbes. Wer die Überzeugung hat, schon immer benachteiligt worden zu sein, möchte nun wenigstens beim Erben besser wegkommen – er sucht nach einem Ausgleich in der Hoffnung, dadurch seinen inneren Frieden mit den Eltern machen zu können. Und hat er den Eindruck, »wieder einmal« schlechter weggekommen zu sein, so versucht er nun, mit aller Macht das zu bekommen, was ihm gefühlt zusteht. Da steht nun aber der andere Erbe dazwischen, der dies bekommen hat. Gegen den richtet sich nun ein Stellvertreterkrieg.

Gab es in der Familie keine konstruktive Streitkultur, haben die Geschwister also nie lernen können, Konflikte auszuhalten und diese zufriedenstellend auszutragen, so können nach dem Tod der alten Eltern aufbrechende, längst zurückliegende Verletzungen und Kränkungen eben auch nicht friedvoll gelöst werden. Nicht selten zerbrechen Familienkonstrukte an diesem Wendepunkt. Die Eltern als Bindeglied fehlen. Jedes Geschwisterkind zieht sich in seine eigene Gegenwartsfamilie zurück. Lebenslange Kontaktabbrüche sind schlimmstenfalls die Folge.

Doch es gibt auch gegenteilige Auswirkungen unter den Geschwistern durch den Tod der Eltern: Nach dem Tod beider Elternteile fallen alte Geschwisterrivalitäten von den erwachsenen Kindern ab. Sie bemerken nach dem Tod von Mutter und Vater, dass der Grund für die Eifersucht nicht mehr vorhanden ist. Dass sie sich gut verstehen und Gemeinsamkeiten haben.

Zu Lebzeiten der Eltern waren diese Ressourcen verdeckt. Die Energie ging vor allem in das Konkurrenzverhältnis zur Mutter, zum Vater oder zu beiden. Die Geschwister können jetzt erkennen – befreit aus den Loyalitätsverstrickungen zu den Eltern –, dass der Wettbewerb um die Liebe, um das Gesehenwerden, um die besondere Bedeutung innerhalb der Familie, meist von den Eltern selbst initiiert wurde. Wenn ein Elternteil eine Koalition mit einem der Kinder gebildet hat – zum Beispiel um sich gegen den eigenen Mann, die eigene Frau zu wenden –, so entstehen Ausgrenzung und Bevorzugung innerhalb der Geschwisterreihe. Neid und Eifersucht finden hier unter anderem ihren Ursprung.

Erkennen die Geschwister diese emotionale Manipulation der Eltern, können sie sich darüber austauschen, ohne in Kränkungen zu verfallen, so gibt es gute Chancen, dass die erwachsenen Kinder sich noch einmal neu begegnen und tragfähige Beziehungen für den Rest ihres Lebens bilden.

Schwestern und Brüder fühlen auch in Kindertagen eben nicht nur Eifersucht und Neid, sondern auch tiefe Zuneigung, Vertrauen und Fürsorglichkeit. Viele sind und bleiben ein ganzes Leben lang verbunden – in unterschiedlichen Gefühlslagen. Doch die sichere Bindung trägt sie auch im gemeinsamen Trauern um die Eltern. Sie fühlen sich weniger allein. Sie können die dramatischen Emotionen, denen sie sich selbst ausgesetzt fühlen, mit den Geschwistern teilen. Sie fühlen sich auch nach dem Tod der Eltern als ein Familiensystem. Lediglich die Rollen sind jetzt meist andere.

10 Die Liebe und die Trauer

In meiner Praxis sitzt mir ein Paar gegenüber, das tief verstört miteinander ist. Sie schauen sich kaum an. Und wenn sich ihre Blicke versehentlich treffen, schwingt ein gegenseitiges Misstrauen, eine Irritation, beidseitig mit. Ihre Körperhaltungen machen deutlich: Ich bin verletzt und ich lasse deine Nähe nicht zu.

Julia (48 Jahre) und Jochen (56 Jahre) sind seit zwanzig Jahren ein Paar. Sie haben zwei Kinder im Alter von 15 und 12 Jahren. Bis vor zwei Jahren hätten sie sich als glückliches Paar bezeichnet. Für Julia war ihr Mann »der Fels in der Brandung«. Jochen fühlte sich immer wieder von Julias Lebendigkeit und Fürsorglichkeit angezogen. Auf der Elternebene waren sie ein gutes Team. Den Kindern geht es gut. Bis zum Zeitpunkt vor zwei Jahren gab es keine unvorhergesehenen Schicksalsschläge oder Wendepunkte im Leben der Familie. Das Leben verlief in mehr oder weniger kontrollierten Bahnen.

Bis vor zwei Jahren Julias Mutter starb. Ihr Vater war bereits seit 25 Jahren tot. Der Tod der Mutter kam relativ plötzlich. Sie litt an einem schnell wachsenden Gehirntumor. Julia hat ihre Mutter in den drei Monaten von der Diagnose bis zu ihrem Tod täglich besucht. Nach der Arbeit fuhr sie zunächst regelmäßig zu ihr nach Hause. Später waren es dann die täglichen Krankenhausbesuche.

Den Tod der Mutter erlebt Julia als »das Schlimmste, was mir im Leben passiert ist. Ich fühle mich verlassen und mutterseelenallein. Keiner ist mehr da, der mir den Rücken stärkt und mich bedingungslos liebt«. Die »Verwaisung« hat Julia in eine tiefe Lebenskrise gestürzt. Sie hat ihr die innere Balance genommen.

Anfänglich stand Jochen ihr zur Seite. Die Wochen nach dem Tod war er der »Fels in der Brandung«. Doch sein langer Atem war nicht lang genug. Nachvollziehen kann er die anhaltende Trauer seiner Frau nicht. Stattdessen wird er innerlich unruhig. Wie lange soll diese Zeit noch anhalten? »Ich wurde immer hilfloser. Mein Repertoire an Lösungen war irgendwann aufgebraucht. Ich wollte endlich die Frau zurückhaben, in die ich mich verliebt habe. Die liebevolle, fürsorgliche Ehefrau und Mutter unserer Kinder. Wo war sie?« Jochen entscheidet sich irgendwann für den inneren Rückzug. Das hat er frühzeitig gelernt. In seiner inneren Höhle fühlt er sich sicher.

Der »heimliche Vertrag«, den die beiden zu Beginn der Beziehung eingegangen sind – »Du bist mein Fels in der Brandung« und »Du umsorgst mich fürsorglich und liebevoll« –, gerät aus den Fugen. Die unausgesprochenen emotionalen »Vertragsbedingungen« haben sich plötzlich verändert. Keiner von beiden war darauf vorbereitet. Enttäuschung, Unverständnis und Kränkung gewinnen die Oberhand.

Partnerschaftliche Krisen entstehen gehäuft vor dem Hintergrund des Auftretens einer destabilisierenden neuen Situation. Also vor allem an kritischen Wendepunkten.

Trauer und Verlust traten in der Familie von Julia und Jochen bislang nicht auf. Die beiden hatten keine Möglichkeit, zu lernen und zu erfahren, wie sie als Paar mit dem Themenkomplex und den damit verbundenen individuellen Emotionen und Bewältigungsstrategien umgehen können. Wie sie sich verhalten, wenn sie in innere Not geraten, in ihrem Fall ausgelöst durch den Tod des letzten Elternteils. Das über Jahre fein austarierte Gleichgewicht der Paarachse trägt nicht mehr.

Jochen war stets derjenige, der für jedes Problem eine Lösung parat hielt. Und Julia hat ihn dafür respektiert, wertgeschätzt und geliebt. Doch im Fall der tiefen Trauer und der darunterliegenden nicht bewältigten Themen von Julia müsste er eine andere Strategie zur Verfügung haben, um seiner Frau emotional zur Seite zu stehen und um selbst gut für sich sorgen zu können in dieser Krise.

Durch Julias verändertes Verhalten, ihre Abwehr, ihre Traurigkeit und Aggressivität kommt Jochen mit seinem inneren Glaubenssatz in Kontakt: »Ich genüge nicht«. Diese Erfahrung kennt er seit seiner Kindheit. Jetzt findet die Wiederholung statt. Seine Überlebensstrategie ist der Rückzug und die Kränkung. Ein altes Muster, geboren in Kindertagen. Er fühlt sich nicht mehr geliebt, wertgeschätzt, respektiert. Und ganz allmählich breitet sich über allem noch eine Eifersucht auf die verstorbene Schwiegermutter aus. Sie bekommt in seiner Wahrnehmung all die Anerkennung, die ihm seit so vielen Monaten vorenthalten wird. Scham und Schuld wachsen in ihm: »Doch ich kann nicht mehr aus meiner Haut.«

Die Beziehung zu seiner Frau ist inzwischen verstrickt, durchwirkt von Reinszenierungen und Gefühlen, die aus den kindlichen Anteilen und nicht aus den erwachsenen Anteilen resultieren.

Julia ist ebenso wie ihr Mann emotional inzwischen in ihren kindlichen Reinszenierungen angekommen. Der Tod der Mutter und die für sie damit verbundene Halt- und Orientierungslosigkeit haben bei ihr eine Bedürftigkeit ausgelöst beziehungsweise diese in die Erinnerung gebracht. Als emotional hungrig gebliebene Tochter hat sie sich einen Mann ausgesucht, der sie versorgt, der präsent und standhaft ist. Jochen hat für emotionale Sättigung gesorgt.

In der Trauer um die Mutter, um die Kindheit und im Erschrecken darüber, dass die Sehnsucht, doch noch etwas von den Eltern zu bekommen, für immer begraben ist, gerät der »eheliche Fels« neben ihr ins Wanken. Julia projiziert die frühkindliche Abwesenheit von Mutter und Vater auf ihren Mann. Er wehrt sich auf seine Weise, geht in den Rückzug. Und Julia fühlt sich in ihrem Glaubenssatz »Ich bin nicht willkommen und werde nicht gesehen« bestätigt. Beide stecken in ihrer »Kollusion« fest.

Schwierige partnerschaftliche Prozesse, die die Beziehung grundlegend gefährden, entstehen häufig im Übergang zwischen einzelnen Entwicklungsphasen, die mit einer »Labilisierung der partnerschaftlichen Beziehung und Identität der Partner bzw. mit notwendigen Neuanpassungen der Beziehung verbunden sind« (Grossmann, 2012, S. 108). Ein existenziell bedrohlicher Konflikt, wie er im Fall von Julia und Jochen durch den Verlust des letzten Elternteils ausgelöst wurde, kann natürlich auch andere Ursachen haben.

Ich habe die Erfahrung gemacht, dass schwierige Verlust- und Trauererfahrungen nicht selten einem Paarkonflikt zugrunde liegen. Manchmal – wie im Fall von Julia und Jochen – liegen sie schon länger zurück. Doch es lohnt sich, die Fährte aufzunehmen und das Paar darin zu unterstützen, zu verstehen, was das Drama ursächlich auf die Bühne geholt hat. Und vor dem Verstehen liegt das Erkennen, dass beide in dieser Krise an ihren tiefsten Wunden berührt sind. Dass beide in emotionaler Not sind. Und dass es nichts mit der gegenseitigen Liebe zu tun hat, dass sie sich voneinander entfernt haben, sondern mit ihrer jeweiligen Geschichte und den daraus entstandenen seelischen Verletzungen.

Julia und Jochen haben diesen Entwicklungsschritt gemeinsam bewältigt. Beide haben – in Anwesenheit des jeweils anderen – ihre inneren Glaubenssätze und Verletzungen erkannt. Die Prozesse waren schmerzhaft. Doch am Ende haben sie einander auf einer tiefen Ebene verstehen können. Und sie haben einander verziehen. Die gegenseitigen Kränkungen sind vergeben. Schuld und Scham haben die innere Bühne der Paarbeziehung verlassen. Wir haben ein Jahr zusammen gearbeitet. Und wenn sie nicht gestorben sind … Ich wünsche es ihnen aus vollstem Herzen.

Es scheint mir noch wichtig, zu erwähnen, dass nach dem Tod des letzten Elternteils und dem damit verbundenen Nachrücken in der Generationenfolge die eigene Sterblichkeit und das rasche Vergehen der eigenen Lebenszeit bewusster werden. Oftmals machen sich die Partner in dieser Phase gegenseitig für verpasste Lebenschancen verantwortlich.

In der paartherapeutischen Arbeit geht es dementsprechend zunächst um die Sinnfragen, Visionen. Lebensträume jedes Einzelnen. An dieser Stelle ist die Differenzierung notwendig. Das heißt, die Paarbeziehung besteht aus einem »Ich« und einem »Ich«. Beide müssen losgelöst von den Erwartungen des anderen zunächst ihre eigene Lebensgestaltung ins Bewusstsein bringen.

Im nächsten Schritt kann geschaut werden, was davon gemeinsam gelebt werden kann. Alles andere wird »ausgehandelt«. Faule Kompromisse sollte es nicht geben. Folgende Themenbereiche können – im Fall der Trauer – auftreten:

- Der Partner des Trauernden ist der Meinung, dass nun Schluss mit der Trauer sein müsste.
- Die Trauer konsumiert den Trauernden so intensiv, dass sich der Partner vernachlässigt und zurückgesetzt fühlt.
- Der Trauernde schaltet auf Abwehr, da er das Gefühl hat, der Partner möchte ihn nur wieder »funktionieren« sehen. Er selbst hat jedoch noch kein Interesse an gesellschaftlichen Events, an der Arbeit, der Beschäftigung mit den Kindern etc.
- Der Partner des Trauernden spürt ein Gefühl der Rat- und Hilflosigkeit. Er würde seinem trauernden Partner gern helfen, aber weiß nicht, wie. Das führt zu Frustration.
- Der Trauernde nimmt den Todesfall als so einschneidendes Ereignis im Leben wahr, dass er seine Beziehung und sich

selbst in einem anderen Licht sieht. Diese neue Sichtweise kann den Partner irritieren.
- Der Trauernde fühlt sich emotional nicht hinreichend unterstützt. Er meint, der Partner verstehe ihn nicht, was zu einer emotionalen Distanz führen kann.
- Der Trauernde hat keine Kraft mehr. Er zieht sich vom kompletten bisherigen Leben zurück und stürzt in eine tiefe Krise und erschwerte Trauer.

»Ein jegliches hat seine Zeit, und alles Vorhaben unter dem Himmel hat seine Stunde:
geboren werden hat seine Zeit, sterben hat seine Zeit;
pflanzen hat seine Zeit, ausreißen, was gepflanzt ist, hat seine Zeit;
töten hat seine Zeit, heilen hat seine Zeit;
abbrechen hat seine Zeit, bauen hat seine Zeit;
weinen hat seine Zeit, lachen hat seine Zeit;
klagen hat seine Zeit, tanzen hat seine Zeit;
Steine wegwerfen hat seine Zeit, Steine sammeln hat seine Zeit;
herzen hat seine Zeit, aufhören zu herzen hat seine Zeit;
suchen hat seine Zeit, verlieren hat seine Zeit;
behalten hat seine Zeit, wegwerfen hat seine Zeit;
zerreißen hat seine Zeit, zunähen hat seine Zeit;
schweigen hat seine Zeit, reden hat seine Zeit;
lieben hat seine Zeit, hassen hat seine Zeit;
Streit hat seine Zeit, Friede hat seine Zeit.«

Die Bibel: Altes Testament, Der Prediger Salomo, Predigt 3, 1–8

11 Ein fruchtbarer Boden für konstruktive Veränderungen

Betrachtet man den Tod der alten Eltern als existenziellen Wendepunkt in unser aller Leben, so kann diese Krise auf vielfältige Weise genutzt werden. Im tiefsten Sinn können wir sie nutzen, um uns mit dem eigenen Leben auseinanderzusetzen. Yalom (2010, S. 76) beschreibt es als einen »fruchtbaren Boden, der beackert werden kann«.

Betrachten wir die »Beackerung« zunächst unabhängig von der Qualität der Beziehung, die zwischen Kind und Eltern gelebt wurde. Denn die Fragen nach dem Sinn des Lebens, nach der eigenen Identität, nach der Selbstverantwortung und Selbstliebe tauchen auf, egal ob wir damals emotional hungrig geblieben oder satt geworden sind. Gleichgültig, wie sicher oder unsicher die Bindung zu unseren Eltern war. Das plötzliche Alleinsein schreckt uns auf.

Um den Prozess zu verbildlichen, bemühen wir an dieser Stelle die in der systemischen Familientherapie häufig verwendete Metapher eines Mobiles. Dieses Bild verdeutlicht am eindrücklichsten die Wechselwirkung einzelner Teile, sobald sich eine Veränderung im System vollzieht. Jedes Mobileteil hat zunächst seinen bestimmten Platz. Nähe und Distanz sind geregelt. Räume und Grenzen sind klar und eindeutig. Rolle und Funktion der einzelnen Teile sind deutlich definiert. Verändert sich die Situation eines Mitglieds des Systems, so gerät das gesamte System in Bewegung und in Veränderung. Der Verlust durch Tod ist eine solche Veränderung auf äußerer Ebene: Ein Teil des Systems fällt weg.

Die innere Ebene kommt ebenfalls in Unruhe. Trauer, Angst, Wut, Zorn, Schuld, Scham, Erleichterung bringen die wohl aufeinander abgestimmten inneren Teile durcheinander. Das Gesamtsystem gerät aus den Fugen. Scheinbar ist nichts mehr, wie es vorher war. Bislang geltende Strukturen und Regeln sind zunächst außer Kraft gesetzt. Der innere Halt scheint abhanden zu kommen. Die gewohnte Struktur verliert sich. Neues ist noch nicht in Sicht. Gehen Halt und Struktur verloren, erscheinen Angst und Verunsicherung auf der inneren Bühne. Gepaart mit dem Schmerz, der durch den Verlust ausgelöst wird, ist dies oftmals ein emotionales Konglomerat, das nur schwer erträglich ist.

Und wie das Mobile braucht auch die menschliche Seele Zeit, um wieder in ein neues Gleichgewicht zu kommen. Um sich neu zu ordnen. »Wenn wir präzise und sorgfältig auf die Trauerbewegungen der Seele schauen, sehen wir, dass die vermeintliche Wunde in der Seele nicht, wie wir am Anfang meinen, nur Verlust und Schmerz ist. Wenn wir der Trauer folgen, dorthin, wo sie uns hinführt, in die Wunde hinein, dann können wir erfahren, was wirklich fehlt und gegangen ist und was geblieben ist« (Beamont, 2015, S. 169). Ein Mobile braucht Zeit, um wieder in eine neue Position zu kommen. Das innere System ebenfalls.

Der Tod der Eltern ist eine Einladung, sich dem eigenen Tod zu nähern. Kein leichtes Unterfangen! Doch es ist eine Chance. Der Verlust des Elternpaares, das plötzliche Erkennen des endgültigen Endes der eigenen Kindheit, kann uns das Leben auf eine andere Weise näherbringen. Nimmt man die Einladung an, so kann dieser Wendepunkt im Leben neue Perspektiven, neue Freiheiten, eine neue Lebendigkeit und auch eine tiefe Dankbarkeit und inneren Frieden wachsen lassen.

Unsere Aufgabe als systemische Familienberater*innen und -therapeut*innen ist es dementsprechend, diesen Prozess zu begleiten und zu halten. Die Phasen der Trauer mitzugehen. Ohne Wertung. Alles darf sein. Jede Schleife. Jede Träne. Jeder Wutausbruch. Jedes Entzücken vor innerer und äußerer Freiheit. Wohl ist es angebracht, die eine oder andere Intervention anzuwenden. Einige werden auf den folgenden Seiten vorgestellt. Doch was zunächst zählt, sind die eigenen Beziehungskompetenzen.

Petra Rechenberg-Winter bezieht sich in ihrem Buch »Trauer in Familien – wenn das Leben sich wendet« (2017, S. 16) auf das wissenschaftliche Projekt »TrauErLeben – Wirkung von Trauerbegleitung im Rahmen der emotionalen und sozialen Bewältigung von tiefgehenden und komplizierten Trauerprozessen (www.projekt-trauererleben.de) und schreibt: »Auffallend ist dabei die große Bedeutung, die trauernde Menschen dem Zuhören als Wirkfaktor beimessen, der Akzeptanz ihrer Trauer, dem Austausch untereinander und dem Blick auf Stärken.«

Der Tod – konnten wir ihn bis dahin oftmals erfolgreich verdrängen und tatsächlich glauben, man sei unsterblich – hat einen Fuß in unserer Tür. Er ist nicht länger eine fremde Angelegenheit, ein Problem der anderen. Der Tod der Eltern ist nun ein schmerzlicher Vorbote des eigenen Todes. Das Kind in uns wird spätestens jetzt aus seinem Traum der Unsterblichkeit gerissen. An diesem Wendepunkt kann persönliches Wachstum entstehen. Wir realisieren, dass unser Leben endlich ist. Und genau darin besteht das Leben. »Es ist gerade die Gewissheit des Todes, die das Leben – mein eigenes einziges und unwiederholbares Leben – für mich zu etwas so Einmaligem macht« (Savater, 2000, S. 29).

Unterstützend wirksam können wir als systemische Begleiter sein, indem wir über das Fragen bewusste und unbewusste Anteile im Klienten, in der Klientin ansprechen, die ins Leben streben. Und die nur darauf warten, sich zu entwickeln und zu wachsen:

- »Was genau möchte ins Leben kommen?«
- »Welche inneren Glaubenssätze dürfen mit dem Tod der Eltern ebenfalls sterben?«
- »Was von all dem, was die Eltern Ihnen gegeben haben an Werten, Normen, identitätsstiftenden Zuschreibungen, darf gehen und was darf bleiben?«

- »Sie sind die/der Nächste in der Generationenfolge. Was bedeutet das für Ihr Leben?«
- »Wenn der Tod mit Ihnen wohlwollend sprechen würde, was würde er Ihnen raten? Was wäre seine Empfehlung für Ihr Leben?«
- »Was braucht Ihr inneres Kind, um den Schrecken vor dem Tod endgültig zu verlieren und um das Leben mit offenen Armen willkommen zu heißen?«
- »Was würde Ihre Mutter/Ihr Vater Ihnen für den Rest Ihres Lebens wünschen?«

Trauer ist mit der Wirklichkeit und der Unausweichlichkeit des eigenen Todes eng verbunden. Wir – als systemische Berater*innen und Therapeut*innen – können unterstützen, eine Brücke zu bauen zwischen der Trauer und dem Leben.

12 Aus der Praxis

Im Laufe der Jahre sind viele erwachsene Töchter und Söhne in meiner Praxis gewesen. Ich durfte sie auf ihren Wegen durch die vielen verschiedenen Arten ihrer Trauer begleiten. Sie haben mich alle berührt. Und von allen habe ich etwas gelernt, was auch mich hat reifen und wachsen lassen. Ich habe in den Prozessen so oft die Berührbarkeit meines eigenen Herzens gespürt, habe mit den Klient*innen geweint und mich mit ihnen gefreut, wenn sie die Freiheit im eigenen Sein endlich spüren konnten.

Ich habe mich viel mit meiner eigenen Trauer auseinandergesetzt. Viele meiner inneren Höhlen habe ich inzwischen durchwandert und kenne mich in ihnen aus. Ich bin versöhnt mit vielen Themen. Ich weiß, dass gleichzeitig noch einige darauf warten, entdeckt und befreit zu werden. Ich bin hoffentlich inzwischen befähigt, ihnen ins Auge zu schauen.

Ich spüre immer wieder diese Dankbarkeit für das Anvertrauen und das »Sichzumuten« der Klient*innen. Alle Geschichten sind berührend. Vier habe ich für dieses Buch ausgewählt.

12.1 Fall 1: »Wer bin ich?«

»Die Geschichten, die die anderen über einen erzählen, und die Geschichten, die man über sich selbst erzählt: Welche kommen der Wahrheit näher? Ist es so klar, dass es die eignen sind? […] Aber wenn wir uns aufmachen, jemanden im Innern zu verstehen? Ist das eine Reise, die irgendwann an ihr Ende kommt? Ist

die Seele ein Ort von Tatsachen? Oder sind die vermeintlichen Tatsachen nur die trügerischen Schatten unserer Geschichten?«

Pascal Mercier, Nachtzug nach Lissabon (2004)

»Plötzlich allein.« So beschreiben erwachsene Töchter und Söhne häufig ihren emotionalen Zustand nach dem Tod beider Elternteile. Leben die Eltern nicht mehr, so bedeutet dies, niemandes Kind mehr zu sein. Diese Erfahrung machen die allermeisten von uns irgendwann zum ersten Mal im Leben. Wir können versuchen, uns darauf vorzubereiten. Indem wir Bücher lesen und uns informieren oder uns literarische Modelle suchen. Oder wir können mit Menschen reden, die bereits verwaist sind und die uns von ihren Erfahrungen erzählen können. Eine weitere Möglichkeit ist es, in der Beratung oder Therapie die sich anbahnende »Verwaisung« vorbereitend zu bearbeiten. Wir können rational und intellektuell versuchen, gefasst zu sein, wenn es so weit ist. Doch wirklich fühlen können wir es erst, wenn es passiert.

Wir kennen es ja nicht. Ein Leben ohne Eltern. Selbst wenn Kinder kurz nach der Geburt zu Pflegeeltern kommen, zur Adoption freigegeben werden oder mit nur einem Elternteil aufwachsen. Gleichgültig, ob die leiblichen Eltern, die Pflege- oder Adoptiveltern uns im Großwerden begleitet haben, die Menschen, die uns das Leben geschenkt haben – und in den häufigsten Fällen auch noch mehr von unseren Bedürfnissen abgedeckt haben –, sind nicht mehr da. »Das Fehlen der Menschen, die uns mit den ›Grundbedürfnissen‹ des Lebens versorgt haben«, schreibt Shari Butler in ihrem Buch »Nach dem Tod der Eltern« (2006, S. 22), »wird mit dem Tod der Eltern schmerzlich bewusst.«

Ein Stück Vergangenheit geht mit ihrem Tod verloren. Und damit gehen auch die Geschichten über die Töchter und Söhne verloren. Die Erzählungen aus erster Hand verschwinden. Denn

Eltern erzählen Geschichten über uns. Geschichten aus unserer Kindheit. Diese Narrationen sind identitätsstiftend: Ein »So bin ich« entsteht daraus. Diese Erzählungen können nährend, stärkend, aufbauend und ressourcenvoll sein. Oder aber defizitär, mangelorientiert, negativ bewertend. Und damit werden wir groß, reifen heran, leben unsere Leben mit diesen prägenden Geschichten. Mit dem Tod der Eltern stirbt auch die Möglichkeit, diese Geschichten noch jemals zu überprüfen. Sie werden von den Eltern mit ins Grab genommen.

Im Laufe des Trauerprozesses entstehen Fragen über die eigene Identität.

Moritz hat vor zehn Jahren von dem Tod seines Vaters erfahren. Die Eltern hatten sich getrennt, als er zwei Jahre alt war. Seitdem gab es keinen Kontakt mehr zwischen leiblichem Vater und Sohn. Von dem Tod hat er durch einen Notar erfahren. Es ging um seinen Erbschaftsanteil. Aufgewachsen ist Moritz – inzwischen 53 Jahre alt – bei seiner Mutter und seinem Stiefvater.

Erinnerungen hat Moritz keine an seinen Vater. Ein paar Fotos sind sein »Schatz der Kindheit«. Die Mutter hat jegliche Auskunft über den leiblichen Vater verweigert. Er existierte nicht im Leben der Familie. Vor einem Jahr starb auch Moritz' Mutter plötzlich und unerwartet.

»Ihr Tod hat mir den Boden unter den Füßen weggerissen. Obwohl ich selbst schon lange erwachsen bin, hatte ich das Gefühl, kein Zuhause mehr zu haben. Und das Schlimmste war, dass ich glaubte, mit ihrem Tod auch meine Identität verloren zu haben. Ich bin eine verlorene Seele.« Mit diesem inneren Glaubenssatz und dieser Überzeugung der eigenen Identität kam Moritz in meine Praxis. Beruflich ist er erfolgreich. Er lebt mit seiner Frau und drei Kindern an einem behaglichen Ort etwas außerhalb der Stadt. Auf der äußeren Ebene hat er sich ein sicheres Zuhause geschaffen. Es ist ein Ort, an dem er sich wohlfühlt.

Einen Platz der Zugehörigkeit scheint er dort, gemeinsam mit seiner gegenwärtigen Familie, gefunden zu haben.
Auf der inneren Ebene jedoch scheint er ein Suchender zu sein. Mit dem Tod der Mutter tauchen Fragen aus seinem Innersten auf:
- Was sind meine eigentlichen Wurzeln?
- Was trage ich von meinem Vater in mir?
- Welche Träume leben in mir weiter?
- Wo haben meine Fähigkeiten und Talente ihren Ursprung?
- Was ist mein Wesenskern?

Ich entschloss mich, in diesem Fall mit den Methoden der narrativen Therapie zu arbeiten.

Zunächst einmal erzählt Moritz seine Kindheitsgeschichte. Es ist die Geschichte eines einsamen Jungen. Die Geschichte von einem Kind, das seinen leiblichen Vater vermisst und seinen Platz neben Mutter und Stiefvater nie ganz gefunden hat. »Ich wusste nie, wohin ich gehöre. Es gab keine Geschwister. Mein Vater war weg. Meine Mutter hatte einen neuen Mann.« Ich frage ihn nach einer Überschrift, die er seiner Kindheit geben würde. »Ein suchendes Kind«, ist die Antwort.

»Wer man ist und wie man handelt, wird geprägt von den Geschichten, die man von sich erzählt«, so schreibt David Denborough in seinem Buch »Geschichten des Lebens neu gestalten« (2017). Was andere Menschen über uns erzählen, welche Geschichten sie uns zuschreiben, welche Identitäten sie uns überstülpen, können wir nicht beeinflussen. Was wir jedoch sehr wohl können, ist die Veränderung der Geschichte, die wir über uns selbst erzählen.

Für gewöhnlich greifen wir bestimmte Ereignisse aus unserem Leben auf, Anekdoten, die über uns erzählt wurden und werden, Erinnerungen, die aus bestimmten Gründen in den Vordergrund wollen. Und wir verknüpfen all dies zu einer Erzähllinie (Denborough, 2017, S. 19). So bildet sich eine Identität aus. Wie bei Moritz: »Ich bin ein suchender Junge« (siehe Abbildung 2).

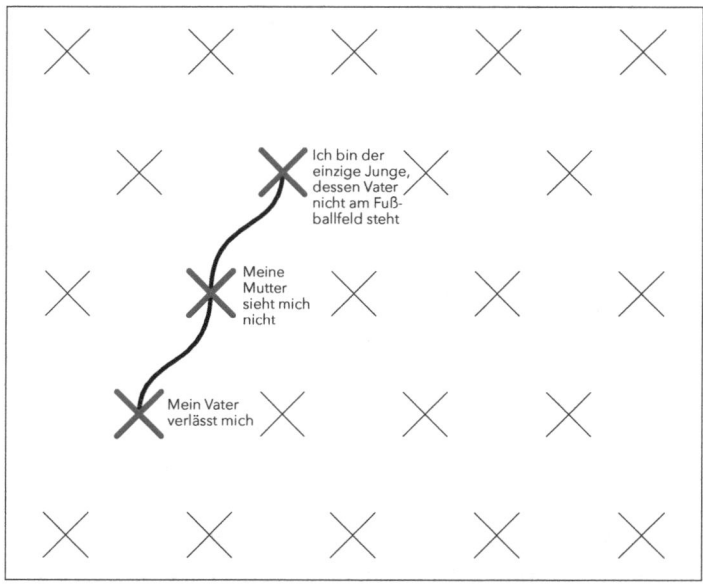

Abbildung 2: Ereignisse und Glaubenssätze zu einer Erzähllinie verbinden

In den kommenden Stunden haben wir uns mit der Erweiterung der Geschichte beschäftigt. Und damit auch mit der Erweiterung seiner Identität und der Veränderung von inneren Glaubenssätzen. Zu der ursprünglichen Erzähllinie – die einsam, suchend, traurig geprägt ist – findet Moritz Ereignisse, die ressourcenvoll und freudig sind. Durch das Erforschen über systemische Fragestellungen kann sich der innere Blick erweitern.

Moritz geht auf eine Entdeckungsreise mit der Frage: »Wer bin ich noch? Wer bin ich mehr als nur ein suchender Junge?« »Ich war viele Jahre Klassensprecher. Ich war anscheinend beliebt und eingebunden in eine gute Gemeinschaft. – Mein Stiefvater

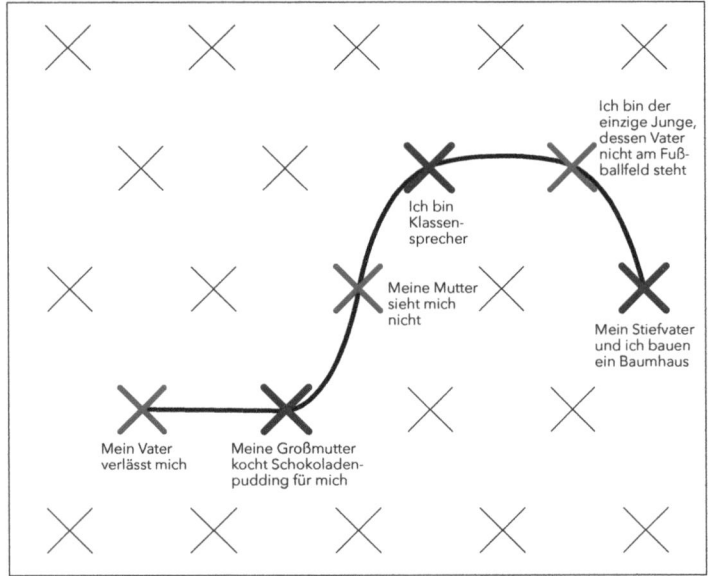

Abbildung 3: Positive Ereignisse zu einem zweiten Erzählfaden verbinden

hat mit mir gemeinsam ein Baumhaus in unserem Garten gebaut. Mir fallen viele Momente ein, in denen er mir zur Seite stand und fast wie ein Vater für mich war. Das hatte ich vergessen über den Schmerz des Verlassenwerdens von meinem leiblichen Vater. – Und meine Großmutter mütterlicherseits war eine hervorragende Köchin. Sie hat mich genährt. In ihrer Küche war es warm und sicher. Und sie hat den besten Schokoladenpudding der Welt zubereitet« (siehe Abbildung 3).

Moritz findet eine neue Überschrift für seine Kindheitsidentität: »Ich gehöre dazu.« Sein defizitärer Blick auf das Großwerden in der Herkunftsfamilie hat sich verändert. Aus dem Blick auf den Mangel ist ein erweiterter Blick auf seine Herkunft geworden. Im Laufe der kommenden Wochen kann Moritz diese Ressourcen noch verfestigen und differenzieren. Allmählich – mit viel Raum und Zeit – bildet sich ein fester Boden unter seinen Füßen.

Gleichzeitig macht er sich auf Spurensuche. Er spürt noch einen lebenden Onkel väterlicherseits auf, der ihm einiges über seinen Vater erzählt. Und Moritz nimmt Kontakt zu der zweiten Ehefrau seines Vaters auf. Auch die Gespräche mit ihr vervollständigten sein Bild über den leiblichen Vater. Gemeinsam erstellen wir ein Genogramm. Es wird zunehmend sichtbar, dass Moritz eine veränderte und stabile Identität aufbauen und fühlen kann. Es scheint, als ob er sich – ausgelöst durch die Trauer – seine Kindheit zurückerobert. Und diesmal baut er sie auf einem tragfähigen Boden auf.

»In jedem Menschenleben gibt es Begebenheiten, die einen zusammenzucken lassen, die seelische Qualen mit sich bringen, die einen mit Kummer erfüllen, die Schamgefühle verursachen. Doch in jedem Menschenleben gibt es auch Ereignisse oder kurze Momente der Schönheit, der Liebenswürdigkeit« (Denborough, 2017, S. 21). Wir können gemeinsam mit unseren Klient*innen diese glitzernden Momente aufspüren und in die Lebensgeschichte einweben. Es geht darum, Geschichten so zu erweitern, dass sie den Menschen innerlich wachsen lassen und ihn darin unterstützen, sich zu ent-wickeln.

Ein weiterer wichtiger Schritt in unserer gemeinsamen Arbeit ist die Erarbeitung eines Lebensbaums. Als Moritz zu mir kommt, »stehen seine Füße auf Treibsand«. Durch den Tod der Mutter ist sein altes Lebensgefühl – keinen sicheren Ort zu haben, nirgends dazuzugehören – wieder in den Vordergrund gerückt. Das Erringen von Stabilität und Sicherheit, von Halt und einem geborgenen Kontext sollten die nächsten Prozessschritte sein. Das Konzept des »Lebensbaums« von Denborough finde ich dafür sehr geeignet.

In bitte Moritz, einen Baum zu zeichnen (siehe Abbildung 4). Er muss nicht schön sein. Er soll ihm gefallen. Irgendeinen Baum, den er kennt. Aus der Realität. Aus Büchern. Von Fotos. Er entscheidet sich für einen Baum aus seinem Garten. Moritz verbindet viele gute Erinnerungen mit ihm. »Irgendwie gibt er mir Halt.«

Im zweiten Schritt wird der Baum »mit Geschichte gefüllt« (siehe Abbildung 5):

Abbildung 4: Lebensbaum – leer

- Die Wurzeln: Sie stehen für die Herkunft. Rituale, Traditionen, Zugehörigkeiten finden hier ihren Platz.
- Die Erde: Sie wird befüllt mit allem, was man tun möchte. Aktivitäten. Alltäglichkeiten.
- Der Stamm: Die eigenen Fähigkeiten, Begabungen, Talente.
- Die Zweige: Träume, Wünsche, Visionen.
- Die Blätter: Menschen, die eine Bedeutung im eigenen Leben haben. Lebende und bereits Verstorbene.
- Früchte: Hinterlassenschaften von anderen, Ideen, Anregungen, Weisheiten, Leitsätze.
- Blumen und Samen: All das, was man selbst hinterlassen möchte.

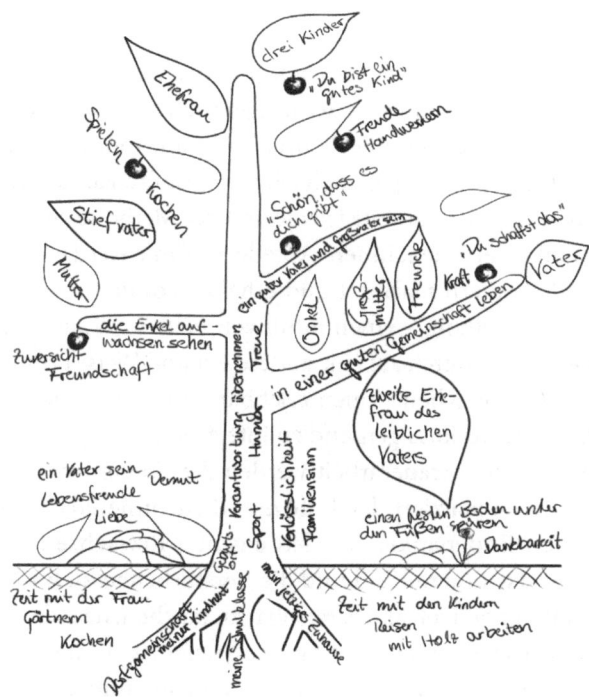

Abbildung 5: Lebensbaum – beschriftet

Der Tod der Eltern war für Moritz eine Krise. Und er hat diesen Wendepunkt in seinem Leben genutzt, um seine Identität zu stärken und zu sichern. Die Spurensuche, die Ressourcenarbeit und die erweiterte Identität haben ihn gestärkt. »Ich spüre heute eine Freiheit in mir, mein Leben kraftvoll zu gestalten. Und ich nehme mir das von meiner Mutter und meinem Vater, was gut für mich ist. Darauf kann ich bauen.«

Vor ein paar Wochen fand ich ein Foto in der Post: Es zeigt Moritz gemeinsam mit seinem Sohn auf ihrem selbst gebauten Baumhaus im Garten. Sein »Lebensbaum« trägt dieses Haus.

12.2 Fall 2: Worauf schaut die Trauer?

Sterben die alten Eltern, betrauern wir einen Verlust. Doch welcher Verlust macht sich denn eigentlich mehr oder weniger schmerzhaft in unserer Seele breit? Worum weinen wir? Was genau ist es denn, was plötzlich fehlt? Worauf schaut die Trauer?

In meiner Praxis arbeite ich viel mit der Methode der Systemaufstellung. Personen, innere Anteile, Gefühle werden in Form von Bodenankern markiert und erhalten somit – wie in einer Familienaufstellung – einen intuitiven Platz im Raum. Methodisch wird es dadurch auf eine andere Art und Weise ermöglicht, Gefühle für die Klient*innen erlebbar zu machen, sie – wenn möglich – zu verflüssigen und zu integrieren.

Im Fall einer Trauerarbeit werden die Trauer und der Verlust im Raum platziert. Ich bitte die Klient*innen darüber hinaus, einen Bodenanker für den eigenen Erwachsenenanteil sowie für das innere Kind und die Verstorbenen zu finden. Es erscheint mir bedeutsam, verstehbar zu machen, dass die Trauer des Erwachsenenanteils eine andere Trauer ist als die des Kindanteils. Beide Anteile trauern meist auf ganz unterschiedliche Weise und erleben den Verlust differenziert.

Die Eltern von Heike waren kurz nacheinander verstorben. Nur fünf Monate nach dem Tod der Mutter starb auch ihr Vater. Für die Tochter kam der Verlust beider Eltern in so rascher Abfolge plötzlich und unerwartet. Sie war noch mitten im Trauerprozess wegen der Mutter, als sie die Nachricht vom Tod des Vaters erreichte. Der Status einer plötzlichen Vollwaisen nahm ihr das innere Gleichgewicht.

Heike war auf einer Ebene gut eingebunden im Leben. Ihre Paarbeziehung bestand seit zwanzig Jahren. Die Töchter (17 und 19 Jahre alt) waren gerade dabei, aus dem elterlichen Nest zu fliegen. Beruflich stand sie als freiberufliche Grafikerin stabil auf eigenen Beinen. Die erwachsene Frau hatte gut für sich gesorgt. Sie hatte die Bühne ihres Lebens für sich erfüllend gestaltet. Sie bekam Anerkennung und fühlte eine Bedeutung ihrer selbst in ihrem Lebenskontext.

Auf einer inneren Ebene fühlte sie sich getrieben. Angetrieben von der inneren Sehnsucht, endlich zu genügen. Endlich gesehen zu werden. Sie arbeitete häufig siebzig Stunden die Woche. Das war der Preis, den Heike für die unerfüllte Sehnsucht zahlte. Schlafen konnte sie schon seit mehreren Jahren nicht mehr länger als fünf Stunden in der Nacht. Die körperliche und seelische Erschöpfung spürte sie nicht. Und ihr Körper machte mit. Noch war er nicht an seiner Grenze. Heike verfügte über eine ausgesprochen gute körperliche Resilienz.

Was passierte nach dem Tod der Eltern? Es schien, als ob sie den Sinn ihres inneren Antriebs verloren hätte. Wofür all die Arbeit? Das Suchen nach Anerkennung, nach Bedeutsamkeit? Ihr Anliegen, als sie zum ersten Mal in meine Praxis kam, lautete: »Ich habe irgendwo auf der Strecke den Sinn für all das, was ich tue, verloren. Ich frage mich, wofür ich mich so aufreibe. Seit dem Tod meiner Eltern gibt es in mir eine Leere. Ich frage mich, wer ich eigentlich bin.«

In der Aufstellung steht der Kindanteil den verstorbenen

Eltern gegenüber. An seiner rechten und linken Seite sind Verlust und Trauer. Die Erwachsene steht im Hintergrund.

Von außen – der sogenannten Metaposition – aus betrachtet, wirkt Heike gefasst. Sie äußert ein Erstaunen über die prominente Position des inneren Kindes. Sie verweilt eine Weile und allmählich macht sich eine Traurigkeit bemerkbar. Sie schaut auf ihr Kind und beginnt zu erahnen, welche Anstrengungen dieser Persönlichkeitsanteil in ihr auf sich genommen hat, um zu überleben.

Ich bitte sie, sich auf den Bodenanker des Kindanteils zu stellen und zu spüren. Wahrzunehmen. Auftauchen zu lassen. Das »Kind« schaut auf die Eltern. Spürt die Trauer und den Verlust und den Erwachsenenanteil hinter sich. »Ich habe mich immer so angestrengt, von euch gesehen zu werden. So wie ich bin. Ich fühlte mich immer unsichtbar.« Heike spürt die Anstrengung des Kindes im Körper. Die Schultern schmerzen. Die Körperhaltung ist ein wenig gebeugt. Der Herzschlag hat sich erhöht. Ihr Herz schmerzt.

Sie geht in den Bodenanker der Trauer. Die Trauer schaut auf das Kind. »Ich habe das Bedürfnis, dich zu ummanteln. Dich zu beschützen. Ich beweine deine Not. Ich bin bei dir. Ich beschütze dich.« Der Verlust schaut zum Kindanteil. »Ich beweine gemeinsam mit dir, dass dein Wesen nicht erkannt und gesehen wurde.«

Aus der Erwachsenenposition heraus wird deutlich, dass der Tod der Eltern eine ganz andere Facette in Resonanz bringt. Die Erwachsene fühlt sich »endlich frei und autonom. Ich muss mich nicht mehr anstrengen, den beiden zu gefallen. Ich habe ein Leben lang gehofft. Jetzt ist es mit der Hoffnung vorbei. Sie ist gegangen.«

Auf das innere Kind geschaut, sind die Gefühle ambivalent: »Ich finde es lästig, mich kümmern zu müssen. Das können die Trauer und der Verlust weiterhin machen. Andererseits möchte ich dem Kind nahe sein und es wirklich und wahrhaftig kennenlernen.«

Heike wird deutlich, dass der Tod der Eltern vor allem ihren kindlichen Anteil betrifft und tief berührt.

Die junge Heike ist durch einen Mangel an Mutter und Vater gebunden. Trauer und Verlust unterstützen diese Anbindung. Noch immer beweint das Mädchen ihre alte Wunde des Nichtgesehenwerdens. Des Nichtgenügens. Sie ist verhaftet in dieser Position. In dieser Erstarrung. Ohne die Unterstützung der Erwachsenen wird sie sich aus dieser noch immer hoffenden Position nicht lösen können.

»Die Trauer ist die Emotion, durch die wir Abschied nehmen« (Kast, 2015, S. 7). Richtet sich die Trauer allerdings auf das innere Kind, so bleibt dieses in der schon immerwährenden Abhängigkeit zu den Eltern. Es trauert über all das, was nicht gewesen ist. Über all das, was es nicht bekommen hat. Über das grenzenlose Gefühl des emotionalen Hungers. Es bleibt in der Hoffnung stecken, doch noch entsprechend genährt zu werden. Das Kind bleibt gebunden an die Eltern. Es bleibt »im symbiotischen Verweilen« (Kast, 2015, S. 10), statt in die Autonomie zu gehen und sich letztendlich dem Erwachsenenanteil vertrauensvoll zuzuwenden.

»Was braucht dieser Erwachsenenanteil, um sich des Kindes anzunehmen? Sich ihm zuzuwenden?« Heike stellt sich erneut auf den entsprechenden Bodenanker und spürt. Sie verbindet sich an diesem Platz mit ihren Ressourcen, ihren Fähigkeiten und ihren Kompetenzen. Sie verbindet sich mit ihrem kongruenten inneren Anteil. Ihre Körperhaltung ist aufrecht. Ihr Herz schlägt in einem ruhigen Rhythmus. Schmerzen spürt sie keine. »Ich brauche Entschlossenheit, um mich meinem inneren Kind zuzuwenden. Um es sozusagen an die Hand zu nehmen. Um mit ihm gemeinsam diesen Weg nun zu gehen. Sichtbar zu werden. Autonom im Leben zu sein. Raus aus der Abhängigkeit zu kommen.«

Ich bitte Heike, abschließend noch einmal von außen auf ihr System zu schauen. Sie wirkt gestärkt. Berührt. »Ich habe Mitgefühl für mein inneres Kind. Es hat ein Leben lang gehofft, doch noch gesehen zu werden. Ich werde anfangen, es selbst zu sehen.«

Die nächsten Sitzungen beschäftigen wir uns mit der Beziehung zwischen dem Erwachsenenanteil und dem Kindanteil. Im Laufe der kommenden Wochen gelingt es Heike, dem Kind in sich wohlwollend, liebevoll und sehend zu begegnen. Der kindliche Anteil ist nun emotional von ihr versorgt. Der erwachsene Anteil kann um die Eltern trauern.

12.3 Fall 3: Erwachsen werden

Die Frau, die mir gegenübersitzt, berührt mich. Wir kennen uns seit gerade 15 Minuten, und in dieser kurzen Zeit hat sie mit ihrem Schmerz und ihrer Trauer mein Herz erreicht. Elsa ist 58 Jahre alt und hat die äußerliche Statur eines zarten Mädchens. Alles an ihr scheint zerbrechlich. Meine fürsorgliche Seite möchte ihr einen Tee und etwas zu essen anbieten. Doch wir sind in einer Therapiesitzung. Ich drücke meine Fürsorge und mein Mitgefühl deshalb in Worten aus.

Elsas Vater liegt im Sterben. Seit zwei Jahren nun schon. Er will nicht gehen. Er ist zäh. Seine Angst loszulassen hält ihn am Leben. Er weigert sich, in eine betreute Einrichtung umzuziehen. Er will, dass seine Tochter kommt und ihn pflegt.

Und sie kommt. Einmal in der Woche fährt sie 120 Kilometer, um ihm für ein paar Stunden Gesellschaft zu leisten. Am Abend fährt sie dieselbe Strecke zurück. Ihre Angst loszulassen gibt ihr die Kraft und die Energie, diese Belastung auf sich zu nehmen.

Die zierliche Frau, die meinen Therapiestuhl kaum ausfüllt, leitet eine Abteilung im Sozialwesen mit 150 Mitarbeitenden. Sie ist erfolgreich, eine angesehene Führungskraft mit einer Wochenarbeitszeit von durchschnittlich sechzig Stunden. Eine Paarbeziehung lebt sie seit mehreren Jahren nicht. Ein paar flüchtige Begegnungen gibt es immer mal wieder.

Elsa kommt zu mir in einem Zustand tiefer Verzweiflung und besorgniserregender Erschöpfung. Wir werden 13 Monate zusammenarbeiten. Anfänglich sehen wir uns einmal in der Woche. Später in einem zweiwöchentlichen Abstand, und am Ende des Prozesses kommt Elsa alle vier Wochen in meine Praxis. Sechs Monate, nachdem wir uns zum ersten Mal gesehen haben, stirbt ihr Vater. Er wird 93 Jahre alt.

Ich darf Elsa in ihrem inneren Prozess des Hoffens, Bangens, der Angst, der Verzweiflung, der Wut, der Resignation und am Ende der Akzeptanz begleiten. Ich kann miterleben, wie aus dieser angestrengten und um Anerkennung bemühten Frau ein Menschenkind wurde, das fürsorglich mit sich selbst ist und einen Platz im eigenen Leben gefunden hat.

Als ihr Vater stirbt, ist sie 58 Jahre alt. Die Mutter starb bereits vor zwanzig Jahren. Zu ihr hatte Elsa ein liebevolles, zärtliches Verhältnis. Ihren Tod empfand die Tochter als schmerzlich. Der Abschied war versöhnlich. Friedvoll. Die Trauer nahm einen »gesunden« Verlauf. Die Mutter hat einen Platz im Herzen ihrer Tochter gefunden. »Sie lebt in mir weiter.«

Solange sie sich zurückerinnern kann, definiert sie sich dennoch selbst als Vaterkind. »Ich wollte auf keinen Fall wie meine Mutter leben: Hausfrau, Mutter und Ehefrau als Lebensinhalt. Das wirkte schon immer abschreckend auf mich.« Also hat sie Zeit ihres Lebens versucht, Anerkennung vom Vater zu bekommen. Das gelang – wenn überhaupt – über Leistung. Diese ungestillte Sehnsucht nach Liebe und Zugehörigkeit hielt ein Leben lang an. Besonders deutlich zeigte es sich im Sterbeprozess und in den Monaten nach dem Tod des Vaters.

Elsa hoffte noch immer. Hoffte auf die Einsicht des Vaters. Aber vor allem darauf, von ihm gesehen zu werden. Dafür hat sie im Laufe ihres Lebens viel getan. Doch die Wunde der »nicht gesehenen Tochter« konnte nicht heilen. Der Konflikt zwischen Vater und Tochter wäre fast ungelöst geblieben.

Wenn die alten Eltern sterben, ist es Zeit für die Kinder, endgültig erwachsen zu werden. Das bedeutet vor allem, die Hoffnung aufzugeben, noch das von den Eltern zu bekommen, wonach sie sich ein Leben lang gesehnt haben. Das innere Kind in uns ist beharrlich. Und es ist meist zu Anstrengungen bereit, die nicht selten in tiefer Erschöpfung oder Depression münden. Das Kind in uns ist unermüdlich damit beschäftigt, doch noch gesehen, gehört und anerkannt zu werden. Es geht oftmals weit über die eigenen Grenzen hinaus. Das Nichtspüren der eigenen Grenzen ist der Preis für die Hoffnung.

In unserer ersten Sitzung frage ich Elsa nach ihrem Anliegen. Was bringt sie zu mir? Was ist ihre innere Not? »Ich kann nicht mehr. Ich habe keine Kraft mehr. Und ich wünsche mir so sehr, dass er am Ende mich doch noch sieht und mir sagt, dass er mich liebt.«

Erwachsen sein bedeutet auch, sich selbst an die Hand zu nehmen. Erwachsen sein bedeutet Selbstfürsorge. Und es bedeutet, das eigene Leben an manchen Punkten besser zu gestalten, als die eigenen Eltern es konnten oder wollten.

Elsa hat bislang in vielen Bereichen ihres Lebens versucht, zu gefallen. Um Zugehörigkeit zu empfinden, hat sie sich über die Maßen angestrengt. So sehr, dass die Erschöpfung sie fast lahmgelegt hat. Ein innerer Teil – nennen wir ihn den Wächter – ruft nun um Hilfe. Es muss sich etwas verändern. Auf der inneren und äußeren Ebene. Und anscheinend wurde dieser Hilferuf von Elsa gehört. Sie ist bereit für eine Veränderung. Wir haben zunächst die Ich-Stärkung und Ich-Stabilisierung in den Fokus gestellt.

- Welche Ruhephasen gibt es im Alltag?
- Wie nährt sich Elsa emotional? Wie sorgt sie für sich?
- Welche Möglichkeiten der Selbst-Begegnung gibt es in ihrem derzeitigen Leben?
- Wie sorgt sie auf der körperlichen Ebene für sich?
- Bietet ihr Körper ihrer Seele ein wohliges Zuhause?

Die ersten Wochen des Prozesses sind davon bestimmt, dass Elsa in ihre Kraft kommt. Dass sie handlungsfähig wird und – im Sinne des Erwachsenseins – die Wahl im Verhalten hat.

Ihren Vater besucht sie weiterhin einmal wöchentlich. Doch sie spürt ihre Anstrengung auf eine neue Art und Weise. Sie erlaubt sich, zu hinterfragen, ob sie die lange Fahrt auf sich nehmen möchte. Ab und zu ertappt sie sich dabei, in Erwägung zu ziehen, ob ein Spaziergang oder ein Tag auf dem Sofa nicht angenehmer und leichter sein könnte als ein Besuch beim Vater.

In der Therapie beginnt sie, über die aufkeimende innere Ambivalenz zu sprechen. Über das Hin-und-hergerissen-Sein zwischen Zuneigung und Abwehr, zwischen Schuld und Selbstbehauptungswünschen. Zwischen dem Kind, das um Liebe, und der Erwachsenen, die um Autonomie ringt. Sie entwickelt einen inneren Zugang zu ihrer Wut und zu ihrer Liebe. Die Ambivalenzen sorgen für eine bewusste Auseinandersetzung:

- Darf ich mich um mich selbst kümmern, wenn es meinem Vater schlecht geht?
- Darf es mir besser gehen als ihm?
- Darf ich schlussendlich in mein Leben gehen?

Elsas Vater geht es zunehmend schlecht. Eine häusliche Pflege ist nicht mehr ausreichend. Er willigt ein, seinen Sterbeprozess in einem Hospiz begleiten zu lassen. Er wird dort noch vier Wochen leben. Seine Tochter kann sich nun auf den unabwendbaren Abschied vorbereiten.

Körperlich spürt sie schon seit Wochen eine Veränderung. Sie schläft ruhiger. Hat ein regelmäßiges Bewegungsprogramm entwickelt. Schreibt ein Tagebuch. Sie beschreibt ihren Alltag als »leichter und selbstbestimmter«. Gleichzeitig beginnt sie zu trauern. Doch zunächst einmal um sich selbst. Die therapeutische Arbeit gibt ihr einen Halt und einen sicheren Rahmen, innerhalb dessen sie sich Erinnerungsbausteine anschauen kann. Langsam, mit einer achtsamen Neugier, fast einer Zärtlichkeit kann sie auf ihre Kindheit schauen. Auf die Anstrengung und Anpassungen, um dem Vater zu gefallen. Diesem physisch und psychisch abwesenden Vater. Sie entwickelt ein Mitgefühl mit dem eigenen Selbst.

Elsa trauert. Sie trauert um die Hoffnung, doch noch die Zuwendung und Anerkennung vom Vater zu bekommen. Sie trauert um ihr eigenes inneres Kind, das sie ebenso vernachlässigt hat, wie ihr Vater es mit ihr gemacht hat. Sie beweint sich selbst. Durch diese Hinwendung zum eigenen inneren Kind kann sie sich loslösen. Zum ersten Mal in ihrem Leben spürt sie sich in der Begegnung mit dem sterbenden Vater erwachsen und autonom.

Elsa besucht ihren Vater in den letzten beiden Wochen seines Lebens fast täglich. Doch nicht mehr, um ihm zu gefallen. Sie besinnt sich während ihres Aufenthalts im Hospiz auf die verbindenden Momente, die sie mit ihrem Vater erlebt hat. Sie hören Musik, tauschen Erinnerungen aus, teilen die Stille und berühren einander ohne viele Worte. Die Hoffnung auf ein Mehr hat Elsa losgelassen. Als ihr Vater stirbt, ist sie anwesend.

Wir arbeiten noch sechs Monate miteinander. Zum Zeitpunkt unseres Abschieds hat sie ihrem Vater längst einen Platz in ihrem Herzen gegeben.

Und sie hat sich verliebt.

»*Wir sind alle nur Besucher auf dieser Welt und zu dieser Zeit. Unsere Seelen sind nur auf der Durchreise. Unsere Aufgabe ist es zu beobachten, zu lernen, zu wachsen, zu lieben und dann wieder nach Hause zu gehen.*«

Weisheit der Aborigines[1]

12.4 Fall 4: Freiheit

Eine aufgeregte Frau begegnet mir am Telefon. Ich sei ihr empfohlen worden und sie brauche dringend meine Unterstützung. Ihre Stimme ist hoch. Fast mädchenhaft. Sopran, so schwingt es in mir nach. Sie klingt aufgeregt während unseres Gesprächs. Ihr Sprechtempo ist schnell. Ein Prestissimo. Meine Hypothesen überschlagen sich innerlich, während ich ihr zuhöre. Was ist ihr Thema? Ein gewalttätiger Mann? Ein akuter Todesfall? Ihr Mann hat eine Affäre, die sie heute Morgen entdeckt hat? Ich bemühe mich darum, dass die Hypothesen Hypothesen bleiben und ich mich nicht mit ihnen womöglich verheirate. Es fällt mir schwer.

Ich frage nach ihrem Anliegen. »Ich bin Partnerin in einer Anwaltskanzlei. Mein Partner und ich brauchen eine Vision für das Fortbestehen unserer Firma. Wann können wir kommen?« Mit vielem habe ich gerechnet. Doch damit nicht: Eine berufliche Begleitung ist von ihr gewünscht.

Drei Mal hat Katrin den vereinbarten Termin kurzfristig verschoben. Wichtige Termine sind irgendwie und aus Versehen dazwischengekommen. Dann endlich ist es so weit. Die beiden sitzen mir gegenüber. Ich habe eine Frau in den Dreißigern

---

[1] https://www.amiras-weisheitsperlen.de/2020/09/13/wir-sind-alle-nur-besucher-auf-dieser-welt-und-zu-dieser-zeit.

erwartet. Katrin ist 62. Ihr beruflicher Partner 58. Beide arbeiten seit 18 Jahren zusammen. Erfolgreich. Die Kanzlei hat insgesamt 15 Mitarbeitende und einen Namen in der Stadt.

Katrin fällt es schwer, ihr Anliegen zu formulieren. Sie möchte eine Vision entwickeln für die Zusammenarbeit – oder vielleicht doch für sich allein? Alles scheint diffus zu sein.

Warum kommt sie gerade jetzt? »Weil ich Angst habe, dass Wolfgang stirbt.« Wolfgang ist ihr Partner in der Kanzlei. Er sitzt mir ebenfalls gegenüber: ein kerngesund aussehender Mann. Es ist keine Spur von schleichendem Tod an ihm erkennbar. Ich taste mich neugierig, fragend an ihr Anliegen heran.

Katrin lebt in keiner partnerschaftlichen Beziehung. Sie hat keine Kinder. Zurückliegende Paarbeziehungen haben nie länger als drei Jahre gedauert. Mit dem Thema Partnerschaft hat sie abgeschlossen: »Ich habe eine berufliche Partnerschaft mit Wolfgang. Das reicht mir.«

Die Kanzlei hat Katrin von ihrem Vater übernommen. Bis vor seinem plötzlichen Tod vor sechs Monaten hat er täglich noch mit in der Firma gearbeitet. Er ist 75 Jahre alt geworden. Katrins Mutter starb vor 15 Jahren. Sie ist Einzelkind.

Je mehr sie von ihrer Geschichte erzählt, umso unsicherer und trauriger wirkt sie auf mich. Manchmal übernimmt Wolfgang: »Ich erzähle mal weiter. Also …« Sie lässt ihren Geschäftspartner ihre eigene Geschichte erzählen. Ich beobachte diese interessante Interaktion eine Weile – meine Hypothesen schwirren im Kopf und möchten Nester bilden –, dann unterbreche ich freundlich und frage erneut: »Warum jetzt?«

Katrin beginnt zu weinen. Wolfgang will sie »retten«. Ich kann es gerade noch rechtzeitig verhindern.

»Seit dem Tod meines Vaters lebe ich in Angst. Ich habe keinen Halt mehr. Mein Vater war mein Halt. Er war immer für mich da. Er hat mich gestärkt, gab mir Schutz, hat mich beruflich gefördert. Ohne ihn bin ich nichts.«

Nach dem Tod der Mutter ist Katrin in ihr Elternhaus zurückgezogen. Sie hat sich um den Vater gekümmert. Am Abend haben sie gemeinsam gegessen. Morgens sind sie meistens zusammen in die Kanzlei gefahren. Der Freundeskreis des Vaters war ihr seit Kindertagen vertraut und bekannt. Sie fühlte sich integriert und akzeptiert. Es gab keinen Grund für sie, eigene Wege zu gehen. Das Nest war kuschelig und warm. Wenngleich etwas eng. Doch das kannte sie nicht anders. Veränderungsimpulse lagen ihr fern.

Mit ihrem Geschäftspartner Wolfgang hatte sie es anfänglich schwer. Sie brauchte schon immer Sicherheit. Für ihn war die Autonomie von Anbeginn sein höchster Wert. Im Laufe der Jahre konnten beide glücklicherweise ihre Unterschiedlichkeiten leben und sich gegenseitig bereichern.

Nach dem Tod des Vaters jedoch geriet Katrin in große innere Not. Da sie entscheidende Entwicklungsschritte im Laufe ihrer Kindheit nicht vollzogen hat, treffen Angst und Schmerz sie nun allumfassend.

Nach dem Tod der Mutter hat Katrin den Prozess der Trauer und des damit verbundenen Schmerzes vermieden, indem sie prompt zum Vater gezogen ist. Die beiden haben sich gegenseitig gestärkt und sich in der Trauer verbunden. Der Vater konnte den Verlust der Ehefrau fast schmerzlos überwinden, da nun die Tochter an die Stelle der Verstorbenen gerückt war. Die Tochter vermied die Auseinandersetzung mit dem Tod der Mutter dadurch, dass sie ihre Stelle eingenommen hat. All die Trauerphasen, die notwendig sind, um den Verlust eines nahestehenden Menschen zu verarbeiten, sind hier von beiden vermieden worden. Nach dem Tod des Vaters hat Katrin nun die schwere Aufgabe, den Tod beider Elternteile ganz allmählich zu integrieren.

Ihr Anliegen, mit dem sie in meine Praxis kam, ist ein Ausdruck ihrer inneren Not. Es ist nicht die Ursache ihres Leidens. Das Bedürfnis nach Sicherheit im beruflichen Kontext konnte schnell geklärt werden. Wolfgang und sie haben sich auf einen

Vertrag geeinigt, mit dem sich Katrin sicher und auf lange Sicht versorgt fühlt.

Katrin und ich arbeiten danach zu zweit weiter. Sie möchte die Wunden ihrer Seele heilen. Sie ist bereit für den Weg der Trauer. Ich habe ein Herz für sie. Ich mag und schätze sie. Wir haben gute Voraussetzungen für einen gelingenden, befreienden Prozess.

Schnell wird deutlich, dass Katrin den Verlust des Vaters noch nicht akzeptieren will. Ein Teil ihres Wesens befindet sich in einer Schockstarre. Einer Nichtreaktion. Dieser Teil in ihr will das Geschehene nicht wahrhaben. Dieser Teil streitet den Tod des Vaters ab. Ihr derzeitiger Zustand zwischen Lähmung und dem Wunsch, einfach davonzulaufen oder morgens aufzuwachen und festzustellen, dass alles nur ein Traum gewesen sei, wird deutlich. Ich begleite Katrin durch ihren quälenden Schmerz, als sie wirklich beginnt, zu begreifen, was geschehen ist.

Sie hat sich nie wirklich auf eine Beziehung – außer zwangsläufig zu den beiden Elternteilen – eingelassen. Ihre partnerschaftlichen Erfahrungen reichten nie über die Phase der ersten Verliebtheit hinaus. Wenn die Nähe zu bedrohlich wurde, trennte sie sich. Den Schmerz des Verlustes konnte sie somit stets vermeiden. Katrin hat nie lernen können, wie es ist, etwas herzugeben, an dem man wirklich hängt. Oder zu erfahren, wie es ist, einen inneren Raum zu durchschreiten und dort den Gefühlen von Schmerzen, Angst, Verlust, Trauer innerlich zu begegnen. Diese »emotionalen Begegnungen« konnte sie bis zum Tod des Vaters vermeiden. Über diese Schwelle der Angst zu gehen fehlte ihr bislang der Mut. Nun gibt es keinen Umweg mehr für sie.

In den nächsten Sitzungen ist die Wut an ihrer Seite. Endlich. Katrin ist wütend. Auf die Mutter, die sie so früh verlassen hat. Auf die Ärzte, die den Vater nicht retten konnten. Auf den Vater, der sie im Stich gelassen hat. Wütend auf ihr Schicksal. Wütend auf das Leben. Wütend darüber, dass der Vater gestorben ist, ohne vorher alles geregelt zu haben. Wütend darüber, dass sie nun mutter- und vaterlos im Leben steht. Wütend auf alle, die noch Eltern »haben«. Wütend auf alle Freunde, die ihre Trauerreaktion nicht verstehen. Und ich bin froh darüber, dass ihre Wut diesen Raum bekommt. Denn durch die Wut kann sich Katrin in der Realität verankern. Die Wut hat die Aufgabe im Trauerprozess, uns aus der Regression, aus der Starre, aus der Verleugnung herauszuholen. Und die Wut schützt noch eine Weile vor dem unsäglichen Schmerz, der dann folgt.

»Euer Schmerz ist das Zerbrechen der Schale, die euer Verstehen umschließt.
Wie der Kern der Frucht zerbrechen muss, damit sein Herz die Sonne erblicken kann, so müsst auch ihr den Schmerz erleben.«

Khalil Gibran (1992, S. 41)

Die Wut stellt sich also so lange schützend vor den Schmerz, bis Körper und Seele dafür bereit sind. Deshalb ist es auch an dieser Stelle der Prozessbegleitung wichtig, ausreichend Zeit und Raum für die Gefühle zu geben und sie sicher und stabil, mitfühlend und bekräftigend mitzutragen. Niemand von uns weiß, wie viel Wut ein Klient, eine Klientin braucht, um sich für die nächste Phase innerlich zu wappnen.

In unseren wöchentlichen Sitzungen tauchte als Nächstes die Schuld auf. Auch sie durfte Platz nehmen, um gehört und gesehen zu werden. Katrin fühlte sich schuldig, nicht besser auf die Gesundheit ihres Vaters geachtet zu haben. Sie fühlte sich schuldig, weil sie ihm nicht ausreichend Arbeit abgenommen hat. »Wieso habe ich Anzeichen seines schwachen Herzens nicht gespürt? Wie konnte ich so blind sein? Wieso habe ich ihn nicht vor sich selbst geschützt? Ich war ihm keine gute Tochter. Wenn ich es gewesen wäre, würde er noch leben.«

Auch die Schuld kommt beharrlich an unser aller Seite, um uns vor dem großen Schmerz noch einmal zu bewahren. Allmachtsfantasien tauchen auf. Sie haben die Absicht, uns vor dem Gefühl der Ohnmacht zu schützen, welches unweigerlich folgt, wenn man sich dem Verlust stellt. Es scheint immer noch besser, sich schuldig zu fühlen, also Wut und Verzweiflung gegen sich selbst zu richten, als sich dem Schmerz hinzugeben. In einem gesunden Trauerprozess vergeht diese Hinwendung zur Schuld ganz allmählich. Sie ist nicht haltbar. Sie hat eine kurze Überlebensdauer.

Katrin hat ihrer Schuld im Rahmen einer Sitzung einen Namen gegeben. »Gisela« heißt sie. Durch die Externalisierung dieses Anteils wurde schnell deutlich, welche Aufgabe »Gisela« in Katrins innerem System übernommen hat und was es brauchte, um ihren Platz frei zu machen.

Katrin war inzwischen innerlich stabil. Sie hat eine Struktur der Achtsamkeit für sich im Alltag entwickelt, die sie trägt. »Ich habe ein inneres Geländer, an dem ich mich festhalten kann. Ich weiß, ich falle nicht mehr. Ich kann mich selbst halten.« Sie ist bereit für den Schmerz. Für die Verzweiflung. Für die Tränen. Es ist an der Zeit, nach »innen« zu gehen.

Jetzt geht es um das Anerkennen dessen, was ist. Die Ohnmacht setzt ein. Der Mensch ist unwiederbringlich fort. Und eine Rückkehr ist für immer ausgeschlossen. Man kann nichts, überhaupt nichts, in der eigenen Macht Stehende tun, um den geliebten Menschen zurückzuholen. Der Tod ist endgültig. Nun ist es spürbar. Im Körper und in der Seele. Und plötzlich wird uns bewusst, dass nichts mehr so sein wird, wie es einmal war. »Mein Vater wird niemals mehr in die Kanzlei kommen. Das Haus ist für immer leer. Ich fühle mich einsam. Alles in mir ist durcheinander. Nichts ist mehr so, wie es war. Ich bin komplett verzweifelt.« Katrin beginnt, den Verlust in seiner Ganzheit zu spüren. Und die Folgen, die mit dem Tod verbunden sind.

Katrins tiefe Traurigkeit und Verzweiflung brauchen viele Sitzungen. Und mich berührt ihre aufbrechende Emotionalität. Sie holt so viele Entwicklungsschritte nach, und gleichzeitig kann ich dabei erkennen, wie sie wächst und »nachreift«.

Wie das Durchschreiten des Schmerzes sich stärkend in ihr ausbreitet, wird immer wahrnehmbarer. Sie schafft es mit eigener Kraft, dieses Tal zu durchschreiten. Katrin wird sich dessen bewusst, was sie kann. Sie entwickelt parallel zum Schmerz – fast unmerklich und noch zart – eine andere Seite. Ihre Autonomie gewinnt an Gewicht. Sie zeigt sich durch einen starken Willen. Ihr autonomes Selbst beginnt aufzukeimen. Ich bekomme eine Ahnung, wer Katrin sein kann, wenn »die Schale zerbrochen ist«.

In dieser Phase des Trauerprozesses geht es bei Katrin um Fragen nach dem Sinn des Lebens ohne die Eltern, um die eigene neue Identitätsfindung: »Wer bin jetzt, wenn ich keine Tochter mehr bin? Wenn ich mich nicht mehr kümmere. Wenn ich kein Kind mehr sein kann?«

Um diese existenziellen Fragen beantworten zu können, um sie in uns selbst wachsen zu lassen, brauchen wir den inneren Rückzug. Traurigkeit und Schmerz wollen sich Raum nehmen. In dieser Phase wenden wir uns uns selbst zu. Wir begegnen uns neu und anders. Wenn es gut läuft, sind wir am Ende des Prozesses gewachsen. Frei und mit uns selbst zufrieden und einverstanden.

Doch zunächst begleite ich Katrin noch in dem Schritt der Identifikation mit den verstorbenen Eltern. Der Tod der Mutter hat Einzug gehalten in den Prozess. Katrin kann sich auch hier ihrem Schmerz über den Verlust zuwenden. Sie beginnt, das, was gut war, zu übernehmen. Zu integrieren. Sie erzählt davon, in Jazzkonzerte zu gehen. Eine frühere Leidenschaft ihres Vaters. Ihr nächster Urlaub führt sie in die Berge. Dort hatte sie intensive Begegnungen und Gespräche mit ihrem Vater auf langen Wanderungen. Und im nächsten Jahr plant sie eine Auszeit am Meer.

Ihre Mutter hatte dort einen Lieblingsort. Im Laufe der nächsten Wochen entdeckt Katrin immer mehr Gemeinsamkeiten mit den Eltern. Dinge, die auch sie gerne tut und die sie lange nicht mehr getan hat, um der Symbiose zumindest in einigen Teilen aus dem Weg zu gehen.

Sie schreibt einen Brief an Mutter und Vater, in dem sie sich für alles bedankt, was die beiden ihr gegeben haben, und verwahrt ihn in einer Schachtel, umgeben von ihren Lieblingsbüchern.

Wir machen eine Aufstellung mit Bodenankern, in der sie sich bei beiden Elternteilen bedankt, ihnen sagt, was sie zu ihren Lebzeiten vermisst hat und was sie ihnen nun wünscht. Dort, wo ihre Seelen nun hoffentlich in Frieden sind. Am Ende der Aufstellung wendet sie sich um, kehrt den beiden den Rücken zu und sagt die Worte: »Und nun gehe ich in mein Leben. Frei und stark.«

Wir arbeiten noch einen Monat zusammen. Dann ist der Weg der Trauerbegleitung zu Ende. Katrin hat die Hälfte ihrer Geschäftsanteile inzwischen an ihren Partner verkauft. Sie arbeitet noch drei Tage die Woche. Den Rest der Tage verbringt sie in einem Ferienhaus am Meer. Ab und zu schreibt sie mir. Es sind die Mails einer erwachsenen, mutigen Frau.

Katrin ist einen schweren Weg der inneren Befreiung gegangen. Nach über sechs Jahrzehnten hat sie sich von den Eltern gelöst. Der größte Entwicklungsschritt, der vor ihr lag, war es, zu unterscheiden zwischen den Eltern, die ihr das Leben geschenkt haben, und den verstrickten Eltern, die unangemessene Wünsche und Erwartungen an sie gerichtet haben. Ihr Vater hat – unausgesprochen – von ihr verlangt, dass sie bis zu seinem Tod bei ihm bleibt und so lange weitestgehend auf ihr eigenes Leben verzichtet. Katrins Eltern waren – gehen wir auf die transgenerationale Ebene – selbst verstrickt, gebunden und unfrei. Und wenn wir Kinder dieser Eltern und Vorfahren sind, so haben wir meist einen beschwerlichen Weg der Selbstfindung vor uns. Am Ende geht es darum, zu sagen: »Ich folge meinem Weg und nicht euren Wünschen und Träumen. Und so bewahre ich all das Gute und Wertvolle, was ihr mir gegeben habt.«

Albrecht Mahr (2016), Facharzt für Psychosomatische Medizin und Psychotherapie und Psychoanalyse, beschreibt diesen unabdinglichen Prozess des Erwachsenwerdens als ein Verlassen der eigenen Bezugsgruppe. Indem wir hinterfragen, welche Bewertungen, Traditionen und Rituale wir übernehmen möchten – und welche eben nicht –, handeln wir erwachsen und aus unserem Inneren heraus. Dabei nehmen wir den Preis des Alleinseins und Auf-sich-selbst-gestellt-Seins in Kauf. Wir fürchten uns dann nicht mehr davor, sondern haben die innere Stärke und Erfahrung aufgrund des durchlebten Trauerprozesses, dass wir das Alleinsein bewältigen können. Wir können aufrecht und allein stehen. – So wie Katrin.

13 Tragende Aspekte der Trauerarbeit

13.1 Der gute Blick

Um verwaiste Erwachsene haltgebend und stärkend im Trauerprozess zu begleiten, ist ein liebevoller, wohlwollender Blick auf die inneren Kinder eine gute beraterische und therapeutische Ressource. Eine Berührbarkeit für die innere Not der Töchter und Söhne, wenn der Tod der Eltern eine Krise bedeutet, ist ebenso vonnöten wie eine begleitende Unterstützung, wenn die Ambivalenz das Gefühl der Befreiung nicht gestattet. Denn nicht selten fühlen sich Klient*innen innerlich zerrissen zwischen dem Schmerz des Verlustes und einem Gefühl der Befreiung. Wir können Impulse im Prozess des Erwachsenwerdens geben und eine Unterstützung im Aushalten der inneren Spannung sein.

13.2 Ein Meer von Tränen

Offenheit in Bezug auf den Zeitrahmen scheint neben der Beziehungskomponente ein wichtiger Punkt zu sein. Stellen wir unseren Klient*innen die Frage »Und wenn die Trauer ein Meer voller Tränen wäre, wie viel Zeit brauchen Sie, um dieses Meer hinter sich zu lassen und irgendwann in einem ruhigen Hafen vor Anker zu gehen?«, so geben wir ihnen ganz eigene Möglichkeiten und die Erlaubnis, Raum und Zeit der Trauer zu gestalten.

13.3 Identität und Selbstbeziehung

Trauerprozesse Erwachsener zu begleiten, beinhaltet für Berater*innen und Therapeut*innen auch, die Töchter und Söhne darin zu unterstützen, eine erweiterte und veränderte Identität nach dem Tod der Eltern zu entwickeln:
- Wer bin ich, wenn es in der Generationenfolge niemanden mehr über mir gibt? Wenn ich also die Nächste sein werde, die stirbt?
- Wer bin ich, wenn ich die Mutter oder den Vater nicht mehr aufopfernd pflege?
- Wer bin ich, wenn ich mich nicht mehr mit dem Hass und dem Zorn auf die Mutter oder den Vater beschäftige?
- Wer bin ich, wenn ich anfange, auf mich selbst zu schauen und nicht mehr auf die Eltern?
- Wer bin ich, wenn ich mich nicht mehr in Beziehung zu den Eltern wahrnehme?
- Wer bin ich, wenn ich mich selbst wahrnehme?
- Wer bin ich als vollständige, erwachsene Frau, als vollständiger, erwachsener Mann?

Wir können unsere Klient*innen darin begleiten, diesen Wendepunkt konstruktiv zu nutzen, sodass sie eine liebevolle Selbstbeziehung entwickeln können. Sodass sie am Ende des Prozesses sich selbst eine fürsorgliche, liebevolle Mutter und ein ebensolcher Vater sein können. Wir können den Blick dafür öffnen, dass eine »Nachbeelterung« möglich ist.

13.4 Die wohlwollende Beziehung

Trauerarbeit ist Beziehungsarbeit. Erst eine geklärte Beziehung zu den Verstorbenen ermöglicht eine gute Integration. Systemische Fragestellungen können sein:
- Was von all dem, was sie mir gegeben haben, will ich weiterhin in meinem Leben mitnehmen?
- Was gebe ich ihnen zurück?
- Welche Familienaufträge begrabe ich mit meinen Eltern?
- Welche Aspekte der Bindung löse ich, und welche bleiben erhalten?

Petra Rechenberg-Winter (2017, S. 61) schreibt dazu: »Nicht für jeden Menschen ist der Gedanke, fortgesetzt verbunden weiterzuleben, ein Trost.« Beraterisch und therapeutisch können wir also wirksam sein, wenn wir dahingehend unterstützen, dass die Beziehungen zwischen verstorbenen Eltern und hinterbliebenen Kindern ent-strickt, teilweise gelöst und geklärt werden.

Wir können beispielsweise fragen:
- Angenommen, es gäbe für Sie als Tochter/Sohn Verstrickungen in Form von ungeklärten Aufträgen, Schuldgefühlen oder Konflikten mit den verstorbenen Eltern oder mit einem der beiden Elternteile, was müsste geschehen, um sie zu lösen? Und wie wäre Ihre Beziehung, wenn all das gelöst wäre? Wie könnte dann die Trauer anders fließen? Wie würde sich Ihre Beziehung zu sich selbst und zu den Verstorbenen verändern?
- Was glauben Sie, würden Ihre Mutter, Ihr Vater empfinden, wenn sie wüssten, dass Sie jetzt nach ihrem Tod an der Beziehung arbeiten, um die Verstrickungen zu lösen und die Beziehung zu klären?

- Wenn es nicht möglich ist, die Konflikte und all das Ungeklärte, Unausgesprochene zu klären, wie könnten Sie dennoch einen inneren Frieden mit sich finden und den Verstorbenen einen Platz geben – wo auch immer der sein mag?

14 Methodenimpulse

Die Liste der Methoden, die ich Ihnen hier anbiete, ist bei Weitem nicht vollständig. Doch es sind meine Lieblingsmethoden in der Begleitung trauernder Erwachsener. Ich glaube, dass jeder von uns seine »Lieblingsstücke« auch in der Arbeit hat. Für mich sind es die ruhigen, tiefgehenden, Raum und Zeit brauchenden Methoden. Es sind auch solche, mit denen die Klient*innen für sich allein »arbeiten« können. Ich gebe nur einen Impuls. Und es sind die, die über die Sinne die Emotionen zum Schwingen bringen.

Die Liste lässt sich beliebig vervollständigen. Ich wünsche allen, die sich mit der Trauer professionell beschäftigen, ihre ganz eigenen »Lieblingsstücke«, mit denen ihre Klient*innen auf ihrem schwierigen Weg begleitet werden können.

Ziel ist es bei allen Interventionen stets, eine gesicherte Autonomie in der Beziehung zu den Verstorbenen herzustellen. Und dem systemischen Grundgedanken zu entsprechen, dass eine Integration der Toten für ein befreites und gesundes Weiterleben der Hinterbliebenen von grundlegender Bedeutung ist.

14.1 Imagination

Angelehnt an Luise Reddemann bietet sich die Imaginationsübung »Der sichere Ort« im Kontext der Trauerbegleitung an. Um zu gewährleisten, dass die Verstorbenen nicht vollkommen »losgelassen« und aus dem eigenen Leben verbannt werden müssen, kann der Trauernde einen sicheren Ort für die Mutter und den Vater erschaffen. Die Verstorbenen haben dort ihr eigenes »Dasein«, sind also nicht vollkommen verloren, sondern bleiben mit den Hinterbliebenen in Verbindung.

Dieser sichere Ort – oder Wohlfühlort – kann auf der Erde sein oder auf einem anderen Planeten. Man kann ihn so detailliert gestalten, bis man sicher ist, dass die verstorbenen Seelen sich dort behütet und geborgen fühlen. Dieser Ort stellt eine Verbindung zwischen den Lebenden und den Toten dar. Und man kann jederzeit, wann immer man mit ihnen in Kontakt treten möchte, dort hingehen und sie »besuchen.« Die Verbindung kann so aufrechterhalten bleiben. Und hinterbliebene Töchter und Söhne können selbstbestimmt in Kontakt treten.

14.2 Genogramm

Die traditionelle, verbreitete Darstellung der Generationenabfolge in einer Familie in Form eines Genogramms kann auch im Kontext der Trauerbegleitung sinnvolle Anwendung finden. Mindestens drei Generationen sollten abgebildet werden. Da wir mit dem Themenkomplex der Trauer, des Abschieds und Verlusts der alten Eltern arbeiten, geht es in dieser Intervention im Wesentlichen darum, zu erforschen, wie mit diesen Themen in den vorherigen Generationen umgegangen wurde:
- Gibt es eine transgenerationale Trauerkultur in der Familie?
- Gibt es Rituale des Trauerns?
- War die Trauer in den vorangegangenen Generationen ein erlaubtes Gefühl?
- Wie unterscheiden sich die weibliche und die männliche Linie in Bezug auf die Trauer?
- Welche Ressourcen zur Trauerbearbeitung standen der Familie zur Verfügung?
- Was davon will und kann ich übernehmen?

- Welches Muster der Trauerbearbeitung soll mit mir enden? Was will ich nicht an meine Kinder und Kindeskinder weitergeben?

Wir nutzen das Genogramm an dieser Stelle, um das Trauerverhalten des Klienten in einen familiären Kontext zu bringen. Wenn der emotionale Zugang zur Trauer verwehrt ist, wenn die Trauer keinen Ausdruck finden darf, wenn sie abgewehrt wird oder wenn das Trauererleben das tägliche Leben bestimmt und kaum Raum für anderes mehr vorhanden ist, so kann es sich um eine transgenerationale Weitergabe von abgewehrter Trauer handeln. Das heißt, durch die Kontextualisierung mithilfe des Genogramms wird es möglich, diese Themen im familiären Zusammenhang zu sehen. Ziel dieser beraterischen und therapeutischen Methode ist es, das problematische Trauerverhalten nicht als Folge von Eigenschaften zu sehen, die in der Person selbst liegen, sondern im Zusammenhang mit ihrer Geschichte, ihren Beziehungsstrukturen und Bedingungen zu betrachten.

Wenn erwachsene Töchter und Söhne nicht um ihre Eltern trauern können, sondern diese Emotion abwehren, zeigen sich stattdessen »Entwicklungsstagnation sowie rigide und ritualisierte Interaktionsmuster. Die abgewehrte Trauer und deren Folgen sind häufig ein wesentlicher Grund für die Erstarrung familiärer und individueller Entwicklungen« (Wirsching u. Scheib, 2002, S. 250). Angst, Scham- und Schuldgefühle sowie Loyalitätsbindungen sind die wesentlichen Motive, die Erinnerung an Traumatisierung oder belastende Ereignisse der Familiengeschichte abzuwehren. »Durch unerträglich erscheinende Ereignisse und Erfahrungen werden kollektive psychosoziale Abwehrprozesse in Gang gesetzt, durch die ganze Segmente der Familiengeschichte oder ganze Erlebensbereiche, zum Beispiel die Auseinandersetzung mit Verlust und Trauer, aus der Wahrnehmung ausgeblendet, verleugnet oder verdrängt werden«, so Wirsching und Scheib weiter (S. 250).

Durch die Genogrammarbeit kann es den Klient*innen ermöglicht werden, zu erkennen, in welcher Generation eventuell Traumatisierungen ihre Ursache haben, und in der weiterführenden therapeutischen Begleitung können transgenerationale Traumafolgen aufgedeckt und bearbeitet werden. Ziel ist es, dass bestenfalls die Trauer endlich Einzug in das eigene Leben hält und sich die Abwehr stellvertretend auch für die vorangegangenen Generationen auflösen darf und stattdessen die Tränen fließen dürfen.

14.3 Schreibende Trauerverarbeitung

Schreiben wirkt! Das Schreiben – in welcher Form auch immer man es anwendet – hat oftmals eine heilsame Wirkung und kann unterstützend bei der Bewältigung von Lebenskrisen sein. Das Schreiben kann zu einer emotionalen Klärung beitragen und Möglichkeiten der eigenen Wirkungsmacht und Wirklichkeitsgestaltung fördern. Ein wichtiger Gedanke beim therapeutischen Schreiben ist es, die Ohnmacht und Sprachlosigkeit schreibend zu überwinden und damit die eigene Problembewältigungskompetenz zu stärken.

In der Begleitung von Trauerprozessen kann das Schreiben in vielerlei Hinsicht unterstützend sein:
- Es kann damit eine Verbindung zu den Verstorbenen hergestellt werden.
- Es kann ein Abschied formuliert werden, der wahrhaftig und aufrichtig ist.
- Der Kontakt zum inneren ängstlichen Kind kann schreibend hergestellt werden.
- Selbstbestimmt kann entschieden werden, in welcher Form

und in welchem Tempo ich mich meiner Trauer und meinem Schmerz annähere.

Die angeführten Beispiele sind ausgewählte Möglichkeiten. In dem Buch »Poesietherapie in der systemischen Praxis« (Rechenberg-Winter u. Randow-Ruddies, 2017) sind eine Vielzahl von Interventionen beschrieben, die auch in der Begleitung von Trauerprozessen angewendet werden können.

14.3.1 Brief an Mutter/Vater

In der Phase des Trauerns, wenn die Gefühle sich schon sortiert haben und das Chaos im Herzen und in der Seele ein wenig milder geworden ist, kann man den Klient*innen vorschlagen, einen Brief an die Eltern oder einen an die Mutter und einen weiteren an den Vater zu schreiben.

Eine vorgegebene Struktur vereinfacht manchmal das Schreiben:
- Wofür danke ich euch/dir?
- Was habe ich vermisst?
- Was wünsche ich euren Seelen, dort, wo sie jetzt sind?

Der Brief oder die Briefe können an einem bestimmten Platz verwahrt werden. Oder sie können vergraben werden. Zum Beispiel an einem Baum. Sie können auch ins Wasser gegeben oder verbrannt werden. Was auch immer die Töchter und Söhne damit machen – alles ist richtig.

Eine Klientin hat mir im Rahmen ihres Schreibprozesses folgenden Brief zur Veröffentlichung freigegeben. Ich verwende ihn an dieser Stelle, um ein Beispiel zu zeigen, wie Trauer schreibend begleitet werden kann.

Lieber Vater,

du bist seit sechs Monaten tot. Dein Sterben dauerte nur wenige Wochen. Eine besonders heimtückische Krebsart. Ich war die Einzige, die damals wusste, dass du nur noch wenige Wochen zu leben hattest. Meine Mutter – deine Frau – war schon vor zehn Jahren gestorben. Ich bin seit einem halben Jahr eine Vollwaise. Mutterseelenallein.
Jetzt ist es kurz vor Weihnachten. Eine schwere Zeit für mich. Der erste Heiligabend ohne Vater. Dass wir Weihnachten ohne meine Mutter feiern – daran habe ich mich inzwischen gewöhnt.
Ich bin in tiefem Schmerz. Ich trauere.
Ich will verstehen. Ich will dich, Vater, verstehen. Mich verstehen. Unsere Beziehung verstehen. Ich will verstehen, warum ich mir die immer gleiche Art von Männern an meine Seite wähle. Ich will dir verzeihen. Meinen Wunsch danach, gesehen zu werden, will ich neben dir begraben. Ich will Frieden finden. In mir. Ich will dich loslassen. Dich gehen lassen.
Wo warst du, mein Leben lang? Wo warst du als mein Vater?
Du hast dich versteckt hinter deiner Sprachlosigkeit. Hinter deiner Depression. Deinem Schweigen. Deiner Strenge. Deiner Unfähigkeit, mich in den Arm zu nehmen. Deinem Vermeiden von Gefühlen. Da muss doch etwas gewesen sein. So kann ich dich nicht gehen lassen. Ich bin auf der Suche. Auf der Suche nach meinem Vater. Nach dir. Wo hast du deine Liebe zu mir versteckt?
Ich fange an, in die Vergangenheit zu kriechen. Wie in einen Bergstollen.
Ich möchte ein Gefühl für dein Wesen bekommen. Ich möchte dir dadurch näher sein. Wenn schon nicht zu Lebzeiten, so doch wenigstens nach dem Tod. Und durch das Verstehen deines Wesens und deiner Wunden und Narben kann ich hoffentlich endlich loslassen von dem Wunsch und der niemals endenden Sehnsucht, mich von dir geliebt zu fühlen.

Ich habe neulich deine Schwester besucht. Die noch einzig Lebende aus meiner Herkunftsfamilie.
Sie hat mir neue Seiten von dir geschenkt.
Du seist ein liebevoller Bruder gewesen. Ein fürsorglicher Sohn. Die Mutter hast du über alles geliebt. 1928 bist du geboren. Als der Krieg ausbrach, warst du elf. Ein Junge mit großen Träumen. Du hast Musik geliebt. Meiner Großmutter hast du abends auf einer mit Zwirn bespannten Walnusshälfte Lieder gespielt. Du wolltest reisen. Einen Beruf ausüben, bei dem man die Welt erobert.
Ganz langsam entsteht ein anderes Bild von dir. Ich habe von all dem nichts gewusst.
Ich fange ganz sanft an, zu verstehen. Da gab es noch einen anderen Mann. Einen vor der Traumatisierung. Einen, der fühlen konnte. Der Spaß am Leben hatte.
Wir haben uns Fotos von dir angeguckt. Meine Tante weint. Sie hat gemeinsam mit dir die Bombenangriffe auf Hamburg überlebt. Den Hamburger Feuersturm. Sie erzählt von der Narbe an deinem Handgelenk. Ein Bombensplitter war in das Zimmer der Geschwister geschossen. Du hast dich schützend über deine Schwester geworfen. Dabei wurdest du verletzt. Sie blieb unversehrt. Die Narbe hast du nie bewusst gezeigt. Genauso wenig wie deine seelischen Wunden.
Meine Tante erzählt von meinem Großvater, der im Winter 1945/46 auf dem Balkon stand und sich das Leben nehmen wollte. Er wusste nicht mehr, wie er die Familie ernähren sollte. Meine Großmutter ging mit ihren Kindern Kohlen und Kartoffeln klauen. Mein Großvater kam körperlich ohne große Wunden nach Kriegsende in die Stadt zurück. Seine Seele hatte er an der Front gelassen.
Mein Vater hat ihn damals vor dem Freitod bewahrt.
Auch das wusste ich nicht.
Meine Tante weint. Und ich kann mich ganz langsam berühren

lassen von dem neuen Bild eines Vaters. Von einer Seite, die ich bislang nicht kannte. Die mir verschlossen war.
Ich würde sie gerne in mich aufnehmen. Sie spüren. Ich wünschte, sie würde mich innere Vollständigkeit fühlen lassen. Den Vater in mir warm werden lassen.
Ich kann endlich weinen. Um den Verlust. Ich bin froh über die Trauer, die endlich da sein darf. Ich weine über die verpassten Chancen. Ich trauere über den Verlust des Vaters, den ich nicht wirklich kannte. Und ich weine über mich als Tochter. Ich wäre dir so gerne eine andere Tochter gewesen.
Ich beschäftige mich mit meinem Großvater. Er war ein traumatisierter, einsamer, trauriger Mann. Genau wie mein Vater. Ich kann spüren, wie die Last des Krieges auf den Schultern dieser beiden Männer liegt.
Mein Herz ist geöffnet. Ich fange an zu verstehen. Mehr und mehr. Fange an zu verstehen, was die Sprachlosigkeit verursacht hat. Fange an zu verstehen, welcher Schmerz vom Vater zu dem Sohn weitergegeben wurde. Ich sehe und spüre die Hilflosigkeit dieser beiden Männer. Und ich hasse den Krieg, der so viele Träume zerstört und so viele Gefühle in den Untergrund verbannt hat.
Ich fange an zu verstehen, dass du nicht lieben konntest. Oder deine Liebe keinen Ausdruck finden konnte.
Ich bin dennoch wütend. Ich habe meine Kindheit mit Sehnsucht und Anpassung verbracht. Ich war eine brave Tochter. Immer in der Hoffnung, dich irgendwie zu erreichen.
Jetzt fühle ich mich frei. Meine Hoffnung habe ich gestern auf ein kleines Papierschiffchen gesetzt und sie ans Meer gebracht. Sie wird nicht wiederkommen. Ich habe sie verabschiedet. Und damit kann ich in Frieden mit mir selber sein. Ich fange an, mich selber zu lieben. Ich beginne, mich zu entdecken. Meine Empathie für mich selbst zu entdecken.
Ich glaube: Ich liebe mich.

Ich danke dir aus tiefstem Herzen dafür, dass du mir das Leben geschenkt hast.
Und ich habe übrigens angefangen zu singen.
In Liebe.

Deine Tochter

14.3.2 Zum Abschied

In der Phase des Trauerns ist es oftmals nicht leicht, zu sprechen. Manchmal verschlägt es den Trauernden die Sprache. In diese Empfindungstiefen finden sich oftmals keine Worte mehr. Deshalb ist das Schreiben eine gute Alternative zum gesprochenen Wort in diesen emotional verstörenden Zeiten.

Ziel dieser Schreibübung (Rechenberg-Winter u. Randow-Ruddies, 2017, S. 245) ist es, Abschied zu nehmen, sich zu trennen, Wertvolles zu integrieren.

Benötigtes Material: ein für diesen Anlass für den Klienten passendes Papier, Buch oder Heft.

Zeit: unbegrenzt.

Anleitung: Beschreiben Sie den Verlust Ihrer Eltern. Den Tod Ihrer Mutter/Ihres Vaters. Geben Sie Ihren Gefühlen und Körperempfindungen einen Ausdruck. Beschreiben Sie Ihre Gedanken und Impulse. Lassen Sie sich von den Worten finden. Suchen Sie nicht nach ihnen. Geben Sie Ihrer Trauer schreibend Raum. Nehmen Sie sich so viel Zeit, wie Sie brauchen. Lassen Sie auch die Kreativität an Ihrer Seite sein. Ergänzen Sie das Geschriebene mit Bildern, Fotos, Materialien.

Wenn Sie das Empfinden haben, sich (vorerst) das Wesentliche von der Seele geschrieben zu haben, erstellen Sie einen Nachruf in der Form, dass Sie ihn veröffentlichen könnten. Was soll dort über Ihre Eltern, Ihre Mutter, Ihren Vater zu lesen sein? Als Orientierungshilfe können Ihnen Nachrufe aus Zeitungen dienen.

14.3.3 Lebensflussmodell

Das Lebensflussmodell von Paul Nemetschek (in Rechenberg-Winter u. Randow-Ruddies, 2017, S. 40 f.) erlaubt Menschen zugleich den Blick zurück auf die eigene Geschichte und den Blick nach vorn. Es deckt alte Muster auf, bringt überholte innere Glaubenssätze ins Wanken und erleichtert den Weg zu neuen Lösungswegen. Die systemische Methode kann dem Leben den Impuls zum Fließen geben, den Lebensfluss in eine andere Richtung lenken und dazu einladen, sich ans Ufer des eigenen Flusses zu setzen und dem Fließen zuzuschauen. Ohne Wertung. Nur dem Fließen des eigenen Lebens lauschen. Die systemische Methode des Entwicklungsflusses lässt sich sehr gut mit Schreibimpulsen verbinden sowie beraterisch und therapeutisch einsetzen. Ein Schreibimpuls könnte sein:

»*Stellen Sie sich vor, Sie sitzen am Ufer Ihres eigenen Lebensflusses. Machen Sie es sich am Ufer ganz gemütlich, sodass Sie etwa 30 Minuten dort gut verweilen können. Lauschen Sie den Geräuschen. Sehen Sie, was es zu sehen gibt, spüren Sie den Wind, die Sonne auf Ihrer Haut. Atmen Sie den Geruch ein, der dort am Ufer ausströmt, und spüren Sie, wie es sich im Körper anfühlt, dort zu sein.*
Und dann beginnen Sie zu schreiben. 30 Minuten zu schreiben über Ihre Beziehung zu den verstorbenen Eltern. Über Wende- und Entwicklungspunkte. Über prägende Ereignisse. Über den Beginn und über das Ende Ihrer gemeinsamen Beziehung. Nehmen Sie den Fluss als eine Metapher für Ihr eigenes Leben als Tochter oder Sohn. Wo waren Untiefen? Wo war das Flussbett seicht und milde fließend? Wo lagen Steine im Flussbett und wo gab es reißende Strömungen? Wie sieht die Quelle und wie die Mündung aus?«

14.3.4 Freudenbiografie

Die eigene Lebensgeschichte zu erzählen oder aufzuschreiben, bedeutet unweigerlich, sich mit den gefühlten Höhen und Tiefen, sich mit den Schmerzen, den Defiziten, aber auch den freudvollen Ereignissen und Emotionen des Lebens auseinanderzusetzen und mit einem meist eingeschränkten Blick rückwärtsgewandt auf die Geschichte zu schauen.

Verena Kast (2010) hat eine »Freudenbiografie« entwickelt. Ziel dieser Methode ist es, die Zuversicht in Krisenzeiten zu stärken und damit den Klient*innen eine Unterstützung zur Bewältigung schwieriger Phasen an die Hand zu geben. Sie dient der systematischen Rückeroberung vergessener Freuden.

In der Begleitung trauernder Erwachsener kann die Freudenbiografie unterstützend wirksam sein, um freudvolle Momente zwischen Kind und Eltern wieder ans Licht zu holen:

- Wie habe ich zu welcher Zeit Freude erlebt?
- Was waren freudvolle Situationen in der Kindheit/in der Pubertät/in der Zeit als junger Erwachsener/als Erwachsener im Kontakt mit Mutter und Vater? Welche Gedanken- und Gefühlssplitter blitzen auf?
- Fotoalben und Tagebücher können bei der Spurensuche helfen.
- Musik und Filme aus den unterschiedlichen Entwicklungsphasen können ebenfalls die freudvollen Erinnerungen wecken.

Über die erinnerte Freude und das nochmalige Spüren können die positiven Aspekte der Bindung zwischen Töchtern und Söhnen und ihren verstorbenen Eltern auf eine leichte Weise präsent gehalten und immer wieder neu belebt werden.

14.4 Rituale

Rituale wirken unterstützend. Sie erleichtern es den Menschen, bestimmte Zusammenhänge und Realitäten zu begreifen und anzunehmen. Rituale begrenzen die Trauer auf eine gesunde Art und Weise. Sie geben der Trauer eine Rahmung. So müssen wir ihr nicht immer und überall begegnen. Der Trauernde kann festlegen, wann er sich mit ihr beschäftigen und wann und wie er sich mit ihr im Außen zeigen möchte. Und Rituale erlauben uns, unsere Trauer öffentlich auszudrücken, was ein wesentlicher Bestandteil der Trauerbearbeitung ist. Einen Raum, eine Zeitspanne, einen Platz zu bestimmen, um sich ganz bewusst mit dem Schmerz zu verbinden, kann heilsam und tröstlich sein.

Rituale ordnen und schützen und sind gleichzeitig symbolische Handlungen, sinnvoll und haltgebend. »Mit rituellen Handlungen sind oft Hoffnung auf Hilfe und Heilung verbunden«. Sie »vermitteln [...] Gefühle der Zugehörigkeit« (Rechenberg-Winter u. Fischinger, 2008, S. 109). Folgende ausgewählte Rituale können unterstützend wirksam sein.

14.4.1 Zeiten des Trauerns

Oftmals ist es für Trauernde hilfreich, tägliche Zeiten des Trauerns einzuplanen. So bekommt die Trauer einen täglichen Raum, doch es besteht nicht die Gefahr, gänzlich darin zu versinken.

14.4.2 Einen Ausdruck für die Trauer finden

Früher trug man schwarze Kleidung, um zu signalisieren, dass man trauert. Dieses Ritual wird immer seltener gelebt. Jüngere Generationen – vor allem in den Städten – kennen es nicht einmal mehr. Sinn und Zweck solcher Rituale ist es, sich selbst zu schützen. Es ist wie ein Kokon, in den man sich für einen bestimmten Zeitraum begibt. Innerhalb dieser Schutzhülle kann sich der Trauernde mit seinen Gefühlen verbergen, kann sich an die neue Lebenssituation ganz langsam versuchen anzupassen, um dann irgendwann gestärkt wieder ins Leben zu kommen.

Wenn die Trauer nicht über die schwarze Kleidung symbolisiert wird, wie könnte ein ganz persönliches Trauerritual aussehen? Wie können Trauernde eine Form für sich finden, geschützt zu sein? Wie kann ein intimes Ritual in den Alltag integriert werden?

Hier einige Beispiele aus meiner Praxis:
- Seit zwei Jahren nimmt sich eine Klientin jeden Abend vor dem Schlafengehen 10 Minuten Zeit, um mit ihren verstorbenen Eltern in Kontakt zu treten.
- Ein Klient trägt seit dem Tod seines Vaters dessen Armbanduhr stets bei sich.
- Eine Klientin trägt ein Amulett mit den Fotos ihrer Eltern.
- Eine Klientin hat einen Teil ihres Erbes in eine Parkbank investiert. Sie wurde gegenüber dem ehemaligen Elternhaus aufgestellt. Wann immer sie kann, nimmt sie dort Platz und verbindet sich mit den verstorbenen Eltern.
- Ein Klient pflanzte einen Baum als Erinnerung an seine Eltern.

14.5 Musik

Oftmals hilft die Musik, Emotionen stärker zu fühlen. Sie unterstützt den Weg nach innen und kann uns »zu Tränen rühren«. Die Gefühle kommen ins Fließen. Blockaden können sich lösen. Die Trauer darf sein und kann sich über den Fluss der Tränen ihren Weg bahnen.

In dem beeindruckenden Film »Die Geschichte vom weinenden Kamel« (2003)[2] wird beschrieben, wie ein Kamel nach

---

2 Regie: Byambasuren Davaa und Luigi Falorni.

einer schweren Geburt ihr Junges ablehnt. In einem berührenden Prozess wird die Kamelmutter mit einem Saiteninstrument bespielt. Die Töne lösen in ihr einen Tränenfluss aus und sie kann ihr Junges plötzlich annehmen und wieder zu sich nehmen. Die Musik hat es ihr ermöglicht, sich zu spüren und sich innerlich zu befreien.

14.6 Innerer Dialog mit dem Verstorbenen

14.6.1 Die verstorbene Person als Ressource

Bei dem Verlust einer nahestehenden Person nimmt der Trauerprozess nicht selten einen komplizierten Verlauf, wenn der oder die Hinterbliebene sich für immer von dem Verstorbenen getrennt fühlt und den Eindruck hat, ihn für immer verloren zu haben. Gedanken an den Verstorbenen aktivieren dann immer wieder den Schmerz des Verlusts. Im Gegensatz dazu haben andere das Gefühl, weiter mit dem Verstorbenen in Kontakt zu sein. Sie fühlen sich innerlich begleitet und empfinden Gedanken an den Verstorbenen als tröstlich und stützend. Insbesondere wenn die Eltern liebevoll, fürsorglich und ihrem Kind gegenüber wohlwollend waren, können sie auch nach dem Tod noch gute innere Ratgeber und Helfer sein.

Mit der Methode des inneren Dialogs können Verstorbene zu einer wertvollen Ressource für die Hinterbliebenen werden:
1. Vorbereitung des Dialogs: Dem Klienten erklären, dass es häufig vorkommt, dass Menschen innerlich mit der verstorbenen Person sprechen. Oder sie um Rat fragen. Manche Menschen glauben daran, dass die Seele der Toten weiterlebt und mit ihnen in Kontakt treten kann. Auch wenn man dies nicht glaubt, so ist es doch so, dass eine verstorbene Person im Gedächtnis der Hinterbliebenen weiterlebt. Man an den Menschen denkt. Von ihm träumt.

2. Zeit geben: Der Klient hat jetzt Zeit, sich mit seinen Gedanken und Gefühlen diesbezüglich auseinanderzusetzen. Was glaubt er über das »Dasein« des Verstorbenen? Wie fühlt er sich beim Gedanken, innerlich mit dem Verstorbenen in Kontakt zu treten?
3. Fragen an den Verstorbenen stellen: Der Klient kann sich nun in einem inneren Prozess mit dem Verstorbenen verbinden, ihn innerlich sehen und ihm innerlich Fragen stellen, die ihn bewegen. Und er darf neugierig sein, was der Verstorbene antwortet. Und wie er antwortet. Manchmal mit Worten. manchmal mit Gesten oder Symbolen.
4. Den Verstorbenen als inneren Berater, als innere Begleitung annehmen: Der Klient kann die verstorbene Person bitten, ihn ab jetzt innerlich zu begleiten. Es bietet sich an, Verabredungen zu treffen: Wo dürfen die Treffen stattfinden? In welchen Situationen besser nicht? Wie kann sich der Hinterbliebene an diese Ressource ab jetzt erinnern?

14.6.2 Die verstorbene Person in guter Erinnerung behalten

Wenn Menschen über viele Jahre heftig trauern, kann eine Ursache darin liegen, wie die verstorbene Person erinnert wird. Dies kann ein wesentlicher Faktor bei der Nichtverarbeitung des Verlustes sein. Viele Klient*innen haben ein letztes Bild von der Mutter oder dem Vater auf dem Totenbett, das der lebenden Person kaum mehr ähnelt. Dieses letzte Bild bleibt oft prägend in Erinnerung und verhindert damit eine positive Veränderung der inneren Vorstellung. Der Klient sieht dann innerlich stets das Bild, das ihn in einen traurigen, trauernden Zustand versetzt. Durch einen inneren Dialog kann dieses letzte Bild des Verstorbenen verändert werden:
1. Vorbereitung des Dialogs wie oben.
2. Bild des Verstorbenen zu Lebzeiten: Der Klient wird einge-

laden, den Verstorbenen so zu sehen, wie er gelebt hat. In einem typischen Zustand zu Lebzeiten. Der Klient sieht den Verstorbenen nicht mehr auf dem Totenbett, sondern »lebendig«. Meist hat dieses innere Bild eine emotionale Wirkung. Es ist wichtig, diesen Gefühlen Raum zu geben.
3. Wie möchte der Verstorbene im Gedächtnis bleiben? Der Klient fragt den Verstorbenen innerlich, wie er gerne in Erinnerung bleiben möchte, und lauscht neugierig der Antwort. Meistens möchten die Toten so erinnert werden, wie sie gelebt haben.
4. Andere Erinnerung: Der Klient wird gefragt, ob er bereit sei, den Verstorbenen ab jetzt so in Erinnerung zu behalten, wie er sich zu Lebzeiten gezeigt hat. Die Klient*innen sind immer gerne bereit, dies zu versprechen. Ab jetzt kann der Verstorbene als Ressource genutzt werden (siehe oben).

15 Gedanken zum Schluss

Zu Beginn des Buches habe ich beschrieben, wie wichtig die Beziehungsebene in der beraterischen und therapeutischen Arbeit mit Erwachsenen ist, die wir in ihrer Trauer um die Eltern begleiten. Und von welch entscheidender Bedeutung unser achtsames Zuhören ist. Ebenso wichtig wie unser Begleiten in die inneren »Höhlen« und Untiefen der Seelen der Klient*innen.

Es ist deutlich geworden, wie bedeutsam die eigene Offenheit ist angesichts der vielen Facetten der Trauer und wie entscheidend der Respekt gegenüber dem Unkonventionellen. Und wie fundamental es ist, eine innere Haltung zu bewahren, die auch nach Jahren praktischer Arbeit mit den neugierigen, fragenden und offenen Augen eines Kindes schaut und staunend sagt: »Ach, so bist du, wenn du trauerst.«

Wir wissen, wie lösend es für Klient*innen sein kann, wenn wir in der Allparteilichkeit bleiben. In der Allparteilichkeit den Töchtern und Söhnen gegenüber und den Müttern und Vätern gegenüber. Und letztendlich den so individuellen und vielfältigen Gefühlen gegenüber.

Alles darf sein. Auch wenn es uns an mancher Stelle ungewöhnlich, befremdlich oder vielleicht sogar pietätlos erscheint. Um diese innere Haltung einzunehmen, brauchen wir einen klaren Standpunkt in Bezug auf das eigene generelle Trauerverständnis. Wie schaue ich persönlich auf die Trauer? Wie darf sie sich zeigen? Bin ich erschrocken, wenn sie plötzlich auftaucht? Ist sie eine Gefährtin oder eine Bedrohung? Wie lange darf sie bleiben? Und wie darf sie sich ausdrücken? Bei mir ganz persönlich: Wie habe ich die eigenen Verlusterfahrungen verarbeitet? Bedeutsame Trennungen ebenso wie den Tod mir nahestehender Menschen?

Ebenso erscheint es mir bedeutsam, immer wieder neu eine eigene Auseinandersetzung über den Tod, das Leben und die damit verbundene Sinnhaftigkeit zu führen. Es ist gut, unseren Klient*innen immer einen kleinen Schritt voraus zu sein, um sie möglichst sicher auf den unbekannten Pfaden begleiten zu können.

Die Themen Trauer, Abschied und Verlust sind in unser aller Leben allgegenwärtig. Es ist ein stets präsentes Thema. Wenn wir es denn sehen und annehmen.

Wir verlieren Menschen nicht nur durch den Tod, sondern auch, weil wir verlassen werden, weil wir uns verändern, weil wir wachsen und uns entwickeln. Wir verlieren im Laufe unseres Lebens auch eine Reihe von Träumen und Hoffnungen. Wir müssen uns verabschieden von bestimmten Lebensabschnitten, Identitäten, von einem faltenlosen Gesicht und von dem Gedanken, unsterblich zu sein.

Ein ganzes Leben lang müssen wir uns verabschieden. Wir müssen Vertrautes loslassen, um Neues willkommen zu heißen. Um zu gedeihen, müssen wir uns damit auseinandersetzen, etwas herzugeben, was wir gerne behalten möchten. Am Anfang des Lebens ist es der geliebte rote Ball. Am Ende ist es das geliebte Leben.

»Sie ist weg!

*Du kannst Tränen vergießen, dass sie weg ist,
oder du kannst lächeln, weil sie gelebt hat.*

*Du kannst deine Augen schließen und beten, dass sie wiederkommt,
oder du kannst deine Augen öffnen und all das sehen, was sie hinterlassen hat.*

*Dein Herz kann leer sein, weil du sie nicht sehen kannst,
oder es kann voll der Liebe sein, die ihr geteilt habt.*

*Du kannst dem Morgen den Rücken kehren und im Gestern leben,
oder du kannst froh sein um das Morgen wegen des Gestern.*

*Du kannst sie erinnern – und davon nur, dass sie weg ist,
oder du kannst Erinnerung an sie hegen und das weiterleben lassen.*

*Du kannst weinen und deinen Verstand zumachen,
leer sein und deinen Rücken kehren,
oder du kannst tun, was sie wollen würde:
lächeln, deine Augen öffnen, lieben und weitergehen.*

David Harkins (Übersetzung von Heike Witzel)
Mit freundlicher Genehmigung der Übersetzerin

Literatur

Beaumont, H. (2015). Auf die Seele schauen. Spirituelle Psychotherapie. München: Kösel.
Beauvoir, S. de (1965). Ein sanfter Tod. Reinbek: Rowohlt.
Bowlby, J. (1983). Verlust, Trauer und Depression. Frankfurt a. M.: Fischer.
Bucay, J. (2020). Das Buch der Trauer. Wege aus Schmerz und Verlust. Übers. von L. Grüneisen. Frankfurt a. M.: Fischer.
Butler, S. (2006). Nach dem Tod der Eltern. Wenn die Kindheit für immer zu Ende geht. Heidelberg: mvg.
Denborough, D. (2017). Geschichten des Lebens neu gestalten. Grundlagen und Praxis der narrativen Therapie. Göttingen: Vandenhoeck & Ruprecht.
Dilts, R. (2013). NLP II – die neue Generation. Strukturen subjektiver Erfahrung – die Erforschung geht weiter. Paderborn: Junfermann.
Dobrick, B. (2017). Wenn die alten Eltern sterben. Das endgültige Ende der Kindheit. Freiburg i. Br.: Herder.
Freud, S. (1915). Zeitgemäßes über Krieg und Tod. Gesammelte Werke, Bd. X (S. 324–355). Frankfurt a. M.: Fischer.
Gibran, K. (1992). Der Prophet. Olten: Walter.
Gill, D. (1981). Elisabeth Kübler-Ross. Wie sie wurde, wer sie ist. Stuttgart. Kreuz-Verlag.
Goldbrunner, H. (2006). Trauer und Beziehung. Systemische und gesellschaftliche Dimensionen der Verarbeitung von Verlusterlebnissen. Ostfildern: Matthias Grünewald.
Grossmann, K. P. (2012). Langsame Paartherapie. Heidelberg: Carl-Auer.
Grossmann, K., Grossmann, K. (2004). Bindungen – das Gefüge psychischer Sicherheit. Stuttgart: Klett-Cotta.
Harkins, D. (1981). Sie ist weg! Übers. V. H. Witzel (Original: She is gone!). https://secret-wiki.de/wiki/Trauer_begleiten (Zugriff am 06.07.2021).
Kachler, R. (2019). Hypnosystemische Trauerbegleitung. Ein Leitfaden für die Praxis. Heidelberg: Carl-Auer.
Kaléko, M. (2014). Mein Lied geht weiter. Hundert Gedichte. Hrsg. von G. Zoch-Westphal. München: Deutscher Taschenbuch-Verlag.

Kast, V. (2011). Natürliche Trauer – komplizierte Trauer. Psychotherapie-Wissenschaft, 1, 2. https://psychotherapie-wissenschaft.info/index.php/psywis/article/view/227/410 (Zugriff am 22.07.2021).

Kast, V. (2015). Trauern. Phasen und Chancen des psychischen Prozesses. Freiburg i. Br.: Kreuz.

Kast, V. (2019). Was wirklich zählt, ist das gelebte Leben. Die Kraft des Lebensrückblicks. Freiburg i. Br.: Kreuz.

Klass, D., Silverman, P. R., Nickman, S. (Eds.) (1996). Continuing bonds: New understandings of grief. London: Taylor & Francis.

Mahr, A. (2016). Von den Illusionen einer unbeschwerten Kindheit und dem Glück, erwachsen zu sein. München: Scorpio.

Mercier, P. (2004). Nachtzug nach Lissabon. München: Goldmann.

Natho, F. (2007). Bindung und Trennung. Von Eltern und Familie getrennt – Trauer- und Trennungsprozesse von Kindern und Jugendlichen professionell begleiten. Dessau: Edition Gamus.

Natho, F. (2009). Bindung und Trennung – Was Trennung so schwer macht. Neurobiologische Aspekte mit methodischer Anregung für eine systemische Trauerarbeit. In R. Hanswille (Hrsg.), Systemische Hirngespinste. Neurobiologische Impulse für die systemische Theorie und Praxis (S. 208–223). Göttingen: Vandenhoeck & Ruprecht.

Rechenberg-Winter, P. (2017). Trauer in Familien – wenn das Leben sich wendet. Göttingen: Vandenhoeck & Ruprecht.

Rechenberg-Winter, P., Fischinger, E. (2008). Kursbuch systemische Trauerbegleitung. Göttingen: Vandenhoeck & Ruprecht.

Rechenberg-Winter, P., Randow-Ruddies, A. (2017). Poesietherapie in der systemischen Praxis. Interventionen für Einzel-, Paar-, Familien- und Gruppentherapie. Göttingen: Vandenhoeck & Ruprecht.

Rilke, R. M. (1929). Briefe an einen jungen Dichter. Leipzig: Insel.

Rühmkorf, P. (1979). Haltbar bis Ende 1999. Gedichte. Reinbek: Rowohlt.

Savater, F. (2000). Die Fragen des Lebens. Fernando Savater lädt ein in die Welt der Philosophie. Frankfurt a. M.: Campus.

Schlippe, A. von (2012). Interview. Kölnische Rundschau, 06.01.2012.

Schwing, R., Fryszer, A. (2013). Systemische Beratung und Familientherapie. Kurz, bündig, alltagstauglich. Göttingen: Vandenhoeck & Ruprecht.

Weiss, P. (2007). Abschied von den Eltern. Text und Kommentar. Frankfurt a. M.: Suhrkamp.

Wirsching, M., Scheib, P. (Hrsg.) (2002). Paar- und Familientherapie. Berlin u. a.: Springer.

Yalom, I. D. (2010). Existentielle Psychotherapie. Bergisch-Gladbach: Kohlhage.